西电科技专著系列丛书

关中平原城市群经济社会

高质量一体化发展思路研究

张建军　著

西安电子科技大学出版社

内 容 简 介

关中平原城市群以西安为核心，横跨陕西、山西、甘肃三省。它的建立，对于整个西部区域经济增长以及推动区域城乡经济社会一体化发展具有重大实践意义。本书首先对当前国际国内政治经济形势进行全面分析和判断，在对关中平原城市群实地走访、调研和访谈的基础上，对关中平原城市群发展面临的重大机遇和挑战、优势和劣势等进行了综合梳理，通过对城市群内部经济社会高质量一体化发展的实证分析，提出了一系列具有创新性的，能促进关中平原城市群经济社会高质量一体化发展的政策及建议。这不仅对关中平原城市群自身发展具有重要参考价值，而且对其他相关城市群推动经济社会一体化发展具有参考借鉴意义。

图书在版编目(CIP)数据

关中平原城市群经济社会高质量一体化发展思路研究 / 张建军著. —西安：西安电子科技大学出版社，2021.7
ISBN 978-7-5606-6110-0

Ⅰ. ①关… Ⅱ. ①张… Ⅲ. ①城市群—区域经济发展—研究—陕西、山西、甘肃 Ⅳ. ①F299.21

中国版本图书馆 CIP 数据核字(2021)第 099069 号

策划编辑　戚文艳
责任编辑　孙士清　王　瑛
出版发行　西安电子科技大学出版社(西安市太白南路 2 号)
电　　话　(029)88202421　88201467　　邮　编　710071
网　　址　www.xduph.com　　　　　电子邮箱　xdupfxb001@163.com
经　　销　新华书店
印刷单位　陕西天意印务有限责任公司
版　　次　2021 年 7 月第 1 版　2021 年 7 月第 1 次印刷
开　　本　787 毫米×960 毫米　1/16　印　张　10.25
字　　数　166 千字
印　　数　1～1000 册
定　　价　29.00 元
ISBN 978-7-5606-6110-0 / F
XDUP　6412001-1
如有印装问题可调换

前　言

　　当前全面加快关中平原城市群各城市之间的产业协同发展,推进区域经济社会高质量一体化发展面临千载难逢的历史机遇,关中平原城市群正处在历史上机遇最多的黄金发展时期,"一带一路"倡议、国家全面创新改革试验区、国家自主创新示范区、中国(陕西)自由贸易试验区西安核心区,以及新一轮西部大开发等一大批国家战略、新型城镇化与乡村振兴融合发展战略等叠加推进,全面深化改革等政策红利陆续释放,特别是陕西、山西和甘肃等地方政府大力支持关中平原城市群一体化建设,这将有效拓展城市群发展空间、创新城市群发展方式、提升城市群的能级、扩大城市群的对外辐射效应。关中平原城市群要紧紧抓住十九大报告以及十九届五中全会带来的重大发展机遇,加快打造中国西部重要的经济增长极、亚欧国际合作交流的示范区,全面推动关中平原城市群实现跨越发展。

　　本书首先对关中平原城市群经济社会高质量一体化发展的现状及瓶颈进行了较为深入的分析,在此基础上,通过收集相关数据资料,对关中平原城市群经济社会高质量一体化发展水平等进行了相应的测度分析,然后在借鉴国外的纽约都市圈、伦敦都市圈、巴黎都市圈和东京都市圈,以及国内的京津冀城市群、长三角城市群、珠江三角洲城市群、长江中游城市群、成渝城市群和哈长城市群等主要城市群在一体化发展方面的经验基础上,结合前期对关中平原城市群的实地调研和分析,提出了关中平原城市群经济社会高质量一体化发展的战略构想,并提出了大西安作为关中平原城市群的核心引擎,在引领关中平原城市群经济社会高质量一体化发展中的具体对策及建议。

　　从区域经济发展和空间经济学视角来看,本书深入研究了推进关中平原城市群经济社会高质量一体化发展的问题,重点研究和关注了以下几个方面。

　　其一,对加快推进以大西安引领关中平原城市群协同发展的思路、定位及路径等核心问题进行了全面深入的研究,提出了加强大西安引领关中平原城市群产业协同发展的思路,即按照"一核、三带、五外围"的空间发展战略,关中平原城市群未来应以西安为核心,辐射范围形成三个圈层。第一圈层以大西安都市圈为核心，带动北边的铜川，西边的宝鸡、咸阳和杨凌，东边的渭南等"三带"协同发展，关中平原城市群的主体框架基本形成。第二圈层由第一圈层向外逐步扩展，形成与商洛、运城、临汾、平凉、天水、庆阳等六座外围城市协同发展态势，将陕西的大部分区域及山西、甘肃的南部区域整合在一起，形成关中平原城市群。随着关中平原城市群产业协同发展，经济实力逐步增强，辐射范围进一步扩展，通过便捷的交通网络与周边的省会城市形成紧密的经济联系，与太原、郑州、武汉、重庆、成都、兰州、银川、乌鲁木齐与西宁等城市形成更大范围的城市群网络，大关中平原城市群第三圈层基本形成。通过"三步走"战略，关中平原城市群将成长为我国西部最重要的经济增长极之一。

其二，推进城市群各城市之间经济社会一体化协同发展的策略问题。在过去很长一段时间里，区域内相邻城市之间因争业绩、争资源、争项目，导致城市之间相互合作的信任基础比较薄弱。本书提出在城市群内部的产业协同发展问题上应该坚持先易后难的策略，从最容易合作的产业入手，逐步形成全方位的产业合作体系，大力发挥西安在区位、经济总量、科教资源、产业平台等方面的优势，辐射带动关中平原城市群产业协同发展。首先加强关中平原城市群在旅游一体化、生态环境保护、产业技术协同创新、区域金融服务一体化等方面的合作，在此基础上，将产业合作的范围进一步扩展到装备制造业，之后逐步推进农业等产业领域的合作，最终形成关中平原城市群多层次、全方位的产业合作体系，构建关中平原城市群产业经济带，促进产业全方位发展。

其三，对推动大西安与关中平原城市群各城市之间产业协同发展的产业重点领域进行了细分研究。具体包括对西安市与关中平原城市群各城市之间的具体产业合作项目及协同发展领域等进行了细分研究；对西安市与其他城市之间的协同发展模式，结合前期项目组的实地走访、调研及与地方政府决策部门的访谈研究结果，提出了具体的协同推进策略及对策建议。

其四，提出了加快关中平原城市群经济社会高质量一体化发展的创新性对策与建议。具体包括成立"关中平原城市群一体化发展领导小组"，建立和完善协调统一的政策支持体系，加强关中平原城市群产业协同发展规划及其顶层设计；加快交通网络一体化建设，构建"大关中旅游一体化"运营模式；提出依托高新技术产业园区，壮大智力密集型产业，立足发展总部经济，做优一产，做强二产，做大三产；依靠信息技术发展带动产业结构调整，建议通过合办产业园或建设产业"园中园"，构建产业集群发展模式；建设关中平原城市群自由贸易区，加强"自由经济示范区""自由贸易区"间的合作，构建产业项目一体化招商模式，依托"产业联盟+龙头企业"带动的产业协同发展模式，加快推进军民融合产业发展等具体的发展对策及建议。

本书是多个密切相关研究项目成果的结晶，得到了西安市委政策研究室委托项目、西安市发展和改革委员会区域经济类研究项目以及西安电子科技大学科技专著出版项目等的资助，得到了西安市委政策研究室、西安市发展和改革委员会、西安电子科技大学科学研究院、西安电子科技大学经济与管理学院、西安电子科技大学出版社等有关部门及主管领导的大力支持。编写前，本课题组进行了大量的实地调研、走访，与关中平原城市群各地方政府主管部门分别进行了座谈、讨论，收集并整理了大量第一手数据资料。在本书撰写、修改和完善的过程中，研究生王喆、孙晓卿、张素敏、孙倩倩、石超凡、史捷、白雪、李超楠、李兆玉、李妍、李小雪、曹苗等在项目研究过程中做了大量细致的工作，如数据资料收集与统计分析、案例分析以及文字校对和修改等，在此向他们一并致以深深的谢意，感谢他们为相关课题研究工作以及本书的出版工作做出的贡献。

在本书撰写的过程中，我们参阅并借鉴了大量国内外相关理论研究文献，主要的参考文献均已列在书后，在此向所有相关的参考文献作者表示诚挚的感谢！西安电子科技大学出版社戚文艳编辑在本书的编辑、修改过程中倾注了大量心血，为书稿的尽早出版付出了辛勤的汗水和劳动。负责本书文字编辑、校对、封面设计的出版社编辑们同样也付出了大量辛勤的劳动，在此一并向他们致以最真诚的感谢！当然，由于作者水平有限，加之部分研究工作受制于研究数据资料的不可得等因素影响，书中的欠缺之处和谬误可能在所难免，恳请学界各位专家、学者以及广大读者朋友提出宝贵的批评意见和建议。

张建军

于中国石油大学(北京)克拉玛依校区

2021 年 1 月

目　　录

第 1 章

绪　论

2018 年 1 月 9 日，国务院正式批复并原则同意了《关中平原城市群发展规划》(以下简称《规划》)。关中平原城市群作为一个区域发展的整体，从此开启并进入了一个全面发展的新时代。

1.1 全球经济发展进入了新的动荡转折期

1.1.1 国际经济贸易环境已经发生了剧变

自 2017 年美国特朗普政府上台以来，因中美经济实力对比出现了明显有利于中国的变化，中国经济发展的巨大成功被美国的某些保守派视为对其全球霸权潜在的巨大威胁和挑战。受既得利益的驱使，美国对华逐步采取了遏制、围堵和极限施压的战略手段，且这种遏制措施和施压政策越来越趋于"不讲规矩"。中美国际贸易摩擦不断升级，全球贸易环境出现重大不利转折。与此同时，各种逆全球化的事件和现象也层出不穷，全球贸易环境出现了很多不利于经济全球化、一体化发展的因素。中美作为全球经济发展的两大"引擎"，出现这种情况，让原本就增长缓慢的全球经济更是雪上加霜。根据国内外相关专家学者的研究结果来看，中美在全球范围内的围堵与反围堵、遏制与反遏制博弈，将在未来很长一段时间持续，而且很有可能呈现愈演愈烈的趋势。因此，全球经济发展环境和国际贸易投资环境已经发生了剧变。

1.1.2 新冠肺炎疫情加剧了全球经济动荡

自 2020 年初新冠肺炎疫情在全球突然爆发，至今已经持续了一年多的时间，且短期内没有任何要结束的迹象。目前全球大多数国家深受疫情影响而导致经济发展停滞乃至大幅下滑，各种矛盾逐步凸显出来。当前全球疫情防控仍然困难重重：西方发达国家主要受自身政治环境和文化观念的影响，疫情防控出现了严重失控；而绝大多数发展中国家，特别是一些经济欠发达的第三世界国家，因自身经济发展落后，医疗卫生条件非常有限，同样也陷入了疫情失控的风险当中。这给全球经济发展带来了难以估量的损失，贸易和投资环境急剧恶化，疫情加重了全球经济动荡的程度。

纵观新冠肺炎疫情全球大流行的 2020 年度，中国政府采取了强有力的疫情防控政策和措施，在最短的时间内迅速控制住了疫情的扩散，并且是 2020

年度全球唯一实现了经济正增长的主要经济体。中国对疫情防控的相关经验和成功案例给世界经济发展带来了希望，也增强了全球其他国家坚持抗击疫情的信心。当然，在新冠肺炎疫情仍然在全球肆虐的背景下，在人类没有完全战胜新冠肺炎疫情的条件下，任何国家都不可能独善其身。因此，我们需要与世界其他国家继续加强合作，共同采取有力措施来抗击疫情直至成功。

总体来看，新冠肺炎疫情在特定背景下加剧了全球经济发展的动荡程度，极大弱化了本来就十分脆弱的国际贸易规则及秩序，增加了国际贸易的成本，降低了国家之间经济交往的便利度。

1.1.3 国际贸易与投资进入新的动荡期

从全球范围来看，当前世界正处于百年未有之大变局，全球经济社会发展既充满希望，又充满挑战。《新时代的中国与世界》白皮书认为国际力量对比已经发生了深刻调整，和平与发展仍然是时代主题，人类命运共同体理念深入人心，全球治理体系变革加速推进。

国际格局正在发生深刻变化，新的科技革命带来技术革命和产业革命，发达国家开展的"再工业化"战略掀起了以数字化制造、新能源与新材料应用为标志的新一轮技术革命，全球工业化城镇化继续发展，国际社会对绿色发展的重视程度不断提高，社会信息化和文化多样性更加明显，大数据、物联网、第五代移动通信网络(5G)、人工智能、生物科技、先进材料、区块链等前沿技术正在渗透到经济社会各领域，推动全球产业链、供应链、价值链和创新链加快重构，引领产业变革方向，将深刻改变人类生产和生活方式，改变全球创新发展与竞争格局。全球治理体系正在发生重组，世界经济发展进入再平衡的关键时期。世界各国围绕科技与产业发展制高点的竞争空前激烈，全球安全形势日益复杂化，全球经济增长乏力，传统比较优势逐渐减弱，世界多极化、经济全球化、文化多样化、社会信息化深入发展，同时，全球深层次矛盾突出，不稳定、不确定性因素显著增多。

2020 年 10 月国际货币基金组织(IMF)发布的《世界经济展望报告》，预测 2020 年全球经济将萎缩 4.4%。而且受疫情防控的影响，预期在本次疫情结束之后，世界范围内可能会兴起制造业向欧美发达国家回流的趋势。这将加大发达国家与我国在制造业领域全面竞争的风险。在此背景下，我国的经济发展既有乘势而上，实现突破和崛起的重大发展机遇，也面临实体产业向欧美回流的可能性，经济发展的不确定性因素增加导致经济发展风险加剧。

1.2 "双循环"开启了中国经济发展的新常态

1.2.1 "双循环"是适应外围环境深刻变化的反映

在中美贸易摩擦逐步升级并走向全面对抗的过程中,全球自由贸易的大环境已经出现了质的变化。在中国全面崛起的进程中,西方主要国家对我国采取了各种各样的手段和战略,进行全面围堵和遏制,预期未来这种全面战略对抗将常态化、长期化,有可能持续数十年乃至百年之久,直至中国全面崛起。在此背景下,"三驾马车"中的外贸出口对中国经济发展的拉动作用变得越来越有限,而充分利用国内国际两个市场、两种资源的优势,以国内循环为主体,国内国际双循环相互促进,推动中国的高质量发展的"双循环"就成为一种必然选择。

我国已转向高质量发展阶段,制度优势显著,社会治理效能大幅度提升,经济发展持续且长期向好,物质基础雄厚,人力资源丰富,市场空间广阔,发展韧性强劲,社会大局稳定,经济社会可持续发展具有多方面优势和条件。国家推动形成以国内大循环为主体、国内国际双循环相互促进的新发展格局,内生动力、市场潜力和要素支撑能力将持续强劲,经济结构不断优化、长期向好的基本趋势没有改变。新冠肺炎疫情防控取得阶段性胜利,经济复苏回暖明显加快。

中共十九届五中全会提出,"十四五"时期要坚持把发展经济着力点放在实体经济上,坚定不移建设制造强国,推进产业基础高级化、产业链现代化,发展战略性新兴产业,加快发展现代服务业,统筹推进基础设施建设,全面推进乡村振兴,深化改革开放,加快国防和军队现代化,实现富国和强军相统一,推动共建"一带一路"高质量发展。这些战略部署为加快关中平原城市群经济社会高质量一体化发展,加快培育发展"硬科技"产业、先进装备制造业、战略性新兴产业,打造国内城乡融合发展示范区,完善区域一体化发展的体制机制和政策体系等,提供了千载难逢的历史机遇。

1.2.2 "双循环"为关中平原城市群发展提供了稳定的外部环境

从国内经济社会发展总体情况来看,"十四五"期间,我国经济社会发展将实现"三个转变",即中等收入向高收入转变、高速增长向高质量发展转变、全面小康向全面现代化转变。我国经济社会环境发展进入了重要的历史转折期，主要表现在以下几个方面：一是进入工业化、城镇化的深化期，都市化、城市化加快推进；二是人口结构的变化期，经济增长动力和经济结构深刻变化；三是社会矛盾进入风险高发期，社会治理体系和能力面临各类社会矛盾的挑战加剧；四是生态环境改善的窗口期，任务十分艰巨；五是全面深化改革的攻坚期。"十三五"时期国家实施的供给侧结构性改革、深化"放管服"改革和创新创业战略成效显著，推动了新旧动能转换，增强了中国经济运行的稳定性，经济更具活力和韧性。由此判断，"十四五"时期，中国仍将处于最好的发展时期，是发展变革的重要五年，也是面临严峻挑战的五年，更是实现中华民族伟大复兴中国梦的特殊且关键的五年。当前，我国的新冠肺炎疫情防控取得了阶段性胜利，成效显著，经济复苏回暖的迹象明显，2020 年，我国在全球主要经济体中率先走出了经济低谷，迎来产业经济重大发展机遇。这为关中平原城市群未来加快区域产业结构升级转型，实现城市群经济社会跨越式发展提供了良好稳定的发展环境。

1.2.3 省域的资源环境有利于关中平原城市群一体化发展

关中平原城市群地跨陕、甘、晋三省，能够辐射带动周边 30 多个大中小城市乃至整个西北地区，扩大国家向西开放的力度，联通"一带一路"沿线国家，推动西北经济崛起。因此，关中平原城市群被国家赋予了重大历史使命。近年来，陕西省积极推动高质量发展，大力推进"五新"战略，着力打造陆海内外联动、东西双向互济开放的新格局，技术创新和产业结构转型升级取得了明显成效，装备制造、电子信息等特色优势产业进步明显。甘肃省近年来大力实施了"工业强省"战略，工业体系以石油化工、有色冶金、机械电子等为主，已经成为我国重要的能源、原材料工业基地。山西省是我国的矿产资源大省、能源大省，晋南地区紧靠关中平原，经济上的内在关联性密切，宏观上具备与关中平原地区形成产业分工明晰、经济高度协同的一体化发展的客观条件。目前，山西省已经定位于连接陆路丝绸之路与环渤海经济圈的桥梁、矿物质能源配置中心、矿物质产业低碳化和碳基材料制造基地，以及绿色制造产业群培育与发展基地，在实体产业发展方面具有非常鲜明的独特优势。三个省的资源优势、地理区位优势以及产业特色优势具有明显的互补性特征，具备在更高层面进行产业分工、经济协同发展的客观有利条件。

关中平原城市群地跨三省，已上升为国家战略，同时又有三个地方政府的强力加持，区域经济社会发展环境非常有利于关中平原城市群实现高质量一体化发展，在更高层面实现区域经济协同、产业发展协同以及战略协同，进而在更高水平上实现关中平原城市群的发展目标——建设成为具有国际影响力的国家级城市群、内陆改革开放新高地。

1.2.4 关中平原城市群内部发展环境分析

西安市是关中平原城市群的发展"引擎"和核心所在，西安的发展对于关中平原城市群经济社会一体化发展至关重要。"十三五"时期，西安市实现了经济社会的全面进步和 GDP 快速增长。2020 年 GDP 突破了 1 万亿元大关，创新发展活力显著提高，全市科技进步对经济增长的贡献率已经超过了58%。"一带一路"建设迈出新步伐，城乡环境面貌明显改善，人民群众生活质量显著提升，城市品牌和国际影响力显著增强，为未来引领关中平原城市群提升竞争力，实现高质量一体化发展提供了坚实的基础。

未来二十年将是西安加快建设国家中心城市和国际化大都市的关键阶段，必将掀起大西安新一轮发展建设高潮，推动西安国际化大都市圈实现追赶超越和高质量发展取得实质性进展。以推动高质量发展为主题，以深化供给侧结构性改革为主线，把创新驱动作为战略基点，把先进制造和数字经济作为战略方向，把"枢纽经济、门户经济、流动经济"作为全方位对外开放的战略抓手，把绿色发展作为战略准则，加快建立现代化城市治理体系，提升治理能力，提高公共服务供给水平，全面提升"三中心两高地一枢纽"核心功能，加快把大西安建设成国家向西开放的重要战略支点、引领西北地区发展的重要增长极，到 2030 年，西安国家中心城市和国际化大都市建设将取得实质性进展，开启全面建设社会主义现代化国家新征程。

1.3 关中平原城市群发展迎来了千载难逢的历史机遇

1.3.1 紧紧抓住西安国际化大都市建设及关中平原城市群发展的重大历史机遇

党的十九大为西安建设国际化大都市及关中平原城市群发展带来了新的历史机遇。党的十九大报告提出要"实施区域协调发展战略"，"以城市群为主体构建大中小城市和小城镇协调发展的城镇格局。"这为大西安发展提供了一个全方位的战略新机遇。"一带一路"倡议、国家全面创新改革试验区、国家自主创新示范区等一大批国家战略在西安叠加推进，特别是陕西省委支持大西安建设，将西咸新区划归西安管理，将有效拓展发展空间、创新城市发展方式、提升城市能级、放大辐射效应，使西安自改革开放以来历史上第一次拥有了大西安的格局和体量。西安市要紧紧抓住重大政策机遇，加快打造成为服务"一带一路"、亚欧合作交流的国际化大都市，建设国家中心城市，全面引领关中平原城市群实现跨越发展。

1.3.2　以西安建设引领关中平原城市群经济社会一体化发展的必要性及可行性

建设以西安为核心的关中平原城市群，积极推进"6+6"城市群产业协同发展，加强西安与关中平原城市群内部各城市间的生产要素流动与融合，进一步提升城市群经济体量，重点打造有产业基础的特色小镇，提升城市群中小城市数量，实现大中小三级城市联动发展，这是一条重大而切实可行的发展战略路径。在关中平原城市群的发展中，西安负有重大历史责任，有基础、有实力、有条件发挥引领带动作用。

1.3.3　关中平原城市群要认清自身的战略定位，抓住机遇，加快发展

关中平原是华夏文明的重要发祥地，是古丝绸之路的起点，承载着中华民族的历史荣耀和厚重记忆。关中平原城市群发展基础较好、发展潜力较大，在国家现代化建设大局和全方位开放格局中具有独特战略地位。从国家发展定位来看，关中平原城市群的发展目标是要建设具有国际影响力的国家级城市群，内陆改革开放新高地。但除了上述目标，关中平原城市群还应发展成为我国向西开放的战略支点，引领西北地区发展的重要增长极，以军民融合为特色的国家创新高地，传承中华文化的世界级旅游目的地，内陆生态文明建设先行区。从发展重点来看，关中平原城市群要建设创新引领的现代产业体系、推动基础设施互联互通、推动生态共建环境共治、全面提升开放合作水平等。从区域空间发展来看，关中平原城市群重点要发挥其承东启西、连接南北的区位优势，进一步促进全国范围内城市群一体化发展。从发展阶段来看，关中平原城市群目前正处于城市群一体化发展的初级阶段，但随着未来城市群经济社会一体化发展的逐步深入推进，其高级阶段是要超越行政区划的壁垒，形成包括经济、文化、交通运输、社会生活以及生态环境

保护等在内的全方位的一体化。

因此，加快关中平原城市群经济社会一体化发展，就是要充分发挥城市群的辐射带动作用，实现关中平原城市群区域内的基础设施互联互通、产业体系和产业布局优势互补，通过优化区域产业布局，以产促城、产城融合和城镇体系网络化发展，以产业体系大发展助推城市群新型城镇化发展，进而大量吸纳人口就业，实现在更高层次更广层面的大发展，真正成为一个立足西北，面向全国，辐射全球的具有重大经济文化影响力的城市群。

第 2 章

区域经济社会一体化发展的

理论内涵及模式

2.1　基本理论内涵

区域经济社会一体化旨在推进区域治理的过程中，改变过去只重经济发展而忽视社会发展、只重区域经济一体化而忽视区域经济社会一体化的倾向，是区域一体化的具体体现。区域一体化的最终表现就是区域经济社会一体化。因此，区域经济社会一体化是指在打破区域分割、区域对立的旧体制下，在保持区域发展特色前提下，注重将经济发展与区域经济一体化的成果造福于区域民众的社会福祉的提升，大力推进区域公共服务标准化与均等化进程，通过经济发展与社会发展的有机互动，建构区域经济社会一体化发展的新型动力，并塑造区域治理的新型发展空间，实现区域发展的协调与融合。

区域产业结构的调整与升级是推进当代中国区域治理的根本动力，区域大中小城市群与小城镇的发展是推进当代中国区域治理的有效手段，区域经济社会一体化是推进当代中国区域治理的本质要求。产业升级、城市群发展、区域经济社会一体化"三位一体"核心要素的耦合，既有机统一于当代中国区域治理的历史进程，又有机统一于当代中国特色社会主义现代化建设历史进程。具体来讲，区域经济社会一体化是三个一体化的统一：一是产业结构一体化；二是城市群一体化；三是经济与社会一体化。

产业结构一体化，就是指统筹各城市的产业发展规划，进行开放、公平、有序的产业空间布局，构建错位定位、互补互促的区域产业发展格局。积极推进产业专业化分工，加强区域内部的产业对接协作，形成上下游产业的联动机制，提升资源利用效率；建立对称的市场进入和退出机制，避免资源的浪费以及内耗的加剧。重视产业带发展带来的产业多样化，从要素资源结构的动态变化角度把握产业定位，寻求经济发展的新动力，深化次级产业的差异化分工与布局，组成一个更具活力的产业空间布局。

城市群一体化，就是指在完善社会主义市场经济体制建设的进程中，实现区域在发展地位、发展机会上的平等。一是实现城市群在时间上同时发展，改变城市群中个别城市发展滞后的局面，实现城市群的同步发展；二是在空间上互相融合、相互渗透，从空间上将区域发展有机统一起来，实现空间上融合发展；三是在平台上互相配套、协调发展，即共同构建产业载体并延长产业链，提高产业关联度，尤其是建设特色产业、优势产业共同合作发展平台，实现区域联动发展；四是在动力上互相促进、互相推动，即以市场为纽带，以利益为基础，以企业(项目)为载体，以共同发展为目的，推进区域的互动发展，最终实现共同发展。

经济与社会一体化，就是指经济与社会在时间上同步发展，改变经济发展速度较快与社会发展滞后的局面；在空间上互相渗透，改变城市群间发展程度不均衡的局面；在内容上互相融合，改变城市群间发展脱节的问题；在动力上互相推动，改变城市群间发展机会不均衡问题；在结果上互相联系，改变区域对立的局面，最终实现共同发展。

基于以上的分析，可见区域经济社会一体化，是指产业结构在各区域之间实现优化配置，形成密切的网络结构，促进要素优化供给以及经济高质量发展；城市群、经济与社会在时间上与空间上的关联，在内容与动力上的融合，在过程与结果上的互动。具体说，从时间上看，城市群、经济、社会三者同步增长，在内容上三者互相渗透，在动力上三者互动，在过程中三者融为一体。

2.2 具体内容

2.2.1 区域经济一体化

区域经济一体化是不同地区经济主体之间为了生产、消费、贸易等利益的获取，进行产业的分工与协作而产生的市场一体化过程，包括从产品市场、生产要素(劳动力、资本、技术、信息等)市场、服务市场到经济政策及管理的统一。

1. 区域产业一体化

区域产业一体化是区域经济一体化的核心，是城市群经济发展的重要支撑。区域产业一体化就是要求三大产业共同发展，使现代工业成为整个产业链的先导，使现代农业成为整个农业产业的发展核心，同时在城市群领域也应促进现代服务业的快速发展，以便更好地服务于广大城市群地区。区域产业一体化作为区域经济一体化的核心，其应是推进城市群产业融合的桥梁。首先，在区域产业一体化发展的过程中，应该认识到城市群产业的发展离不开中心城市工业的支持，只有具有良好的中心城市工业才能实现有效带动城市群可持续发展。中心城市企业可以充分发挥向城市群的延伸作用。由于在区域经济一体化阶段，城市群企业的发展一直处于一种小而散的状态，大都缺乏技术支持，致使设备老化，产品质量不高，因此城市群企业也急需资源重组，引进现代企业的技术和经验。其次，农业的产业化和现代化是缩小区域经济差距的主要支撑，在区域经济一体化下，农业要依靠现代化工业的带动，使传统农业得到升级，要依靠先进的科学技术和管理经验形成农业产品规范化和品牌化，以便实现更大的发展。最后，第三产业是现代经济和市场繁荣程度的重要标志。加快第三产业的发展，可以促进市场充分发育，提高服务的社会化、专业化水平，增强社会保障能力，对区域间劳动、资本等要素的流动以及工资、价格、经营等机制具有促进作用，有利于提高中心城市的辐射带动作用以及整体区域的发展，有利于吸引更多外资、扩大开放，为区域发展提供更好的条件。

区域产业一体化，是经济社会发展最重要的支撑主线，通过实现区域间产业的合理布局、协同发展、合作共赢，最终搭建统一的现代物流、服务、商贸和信息一体化，形成区域经济互补。从而促使城市群市场更加繁荣，功能更加完善，物资流动更加顺畅，区域产业更加融合，也能够丰富城市群百姓的生活，提升广大居民的生活质量。因此，我们要在区域经济一体化的发展战略下，充分发挥不同地域的优势，打破制度的阻碍，形成要素的自由流动，通过对资源不断的整合和利用，优化升级产业结构，实现农业产业化、居民脱贫致富，最终实现区域经济的一体化。

2. 区域市场体系一体化

随着市场经济的发展，我们越来越需要一个充满活力、保持开放、拥有公平和秩序的市场体系。这种市场体系的形成是以生产力发展到一定水平，社会化大生产得到有效发展为基础而实现的。在这个市场体系下，金融、地产、生活资料、劳动力、技术等不同市场之间相互作用，共同推动整个社会经济的发展。我国是市场经济国家，建设区域一体化的市场体系，是市场经济的必然要求，也是不断完善中国特色社会主义市场经济的必然要求。

区域市场体系一体化是要建立统一、开放、竞争有序的市场，要使各类市场成为一个统一体，各种商品和要素形成在全国范围内的自由流通。加强市场体系的一体化建设，有利于激发市场主体活力，有效扩大内需，增强整个区域的发展动力。因此，区域市场体系一体化应包含以下内容：

(1) 区域商品市场体系一体化。区域商品市场体系一体化的建立有利于两个方面的自由流通：一是农副产品可以自由流通进入城市群批发市场。随着配套市场的建设，居民可以吃到更新鲜、更便宜和更安全的农副产品。二是工业品可以自由进入城市群市场。在建设好城市群商品市场的基础设施后，居民可以买到种类齐全、品种丰富的生活用品和科技产品，有助于不断提高城市群居民的生活质量，更好地满足新时代居民在文化生活上的需求。

(2) 区域要素市场一体化。区域要素市场一体化是在统一的市场经济下，建立区域金融、土地和物流等资源自由流动的体制机制。这种一体化能够充分反映市场规律，充分体现市场价值，充分促进各要素自由流动。首先，完善土地资源配置的市场机制，即建立真实反映土地市场供求状况、土地价值和土地升值趋势的市场价格机制。其次，城市群市场的健康发展离不开金融市场的长期支持，只有建立了适合城市群发展的金融平台和金融信贷产品，加快金融创新，才能逐步形成区域一体的金融环境。具体包括建立中心城市要素资源积极流向城市群的长效金融支持机制，建立适应中心城市带动城市群的金融需求产品，最终建立多层次的、适合于不同主体的区域金融一体化新模式。最后，统筹区域物流市场，形成现代区域物资流通的网络化体系，这种物流体系是区域经济社会一体化的保障和管道，只有保障物流市场的顺利通畅才能保证区域经济社会一体化的顺利实施。

(3) 区域营商环境一体化。区域营商环境一体化是由各种商业活动所依赖的政策、制度、法律、规则、文化等构成的生态系统一体化。营商环境联建、重点领域联管、监管执法联动，市场信息互通、标准体系互认、市场发展互融，逐步实现统一市场规则、统一信用治理、统一市场监管，使得创新驱动发展更好，产业结构调整完善，产业链布局更加合理、更加高效，整个经济更快更高质量发展。

3. 区域经济主体一体化

经济主体是在市场经济活动中符合法律特定的条件，能够享有权利并承担义务的经济有机体。从宏观角度看，经济主体分为三大类：政府、企业和个人。从微观角度看，经济主体包括企业、农户和居民。这里的区域经济主体一体化是指，要通过区域经济一体化实现城市群内政府间相互协调，制定互相促进的政策，助力城市群整体实力提升；企业享有平等的竞争机会、平等的竞争条件以及平等的政策支持；城市群内居民享有平等的就业机会、社会保障、医疗教育等。

(1) 区域经济主体一体化可以促使中心城市企业向城市群转移，有利于企业降低发展成本、扩大再生产以及调整产业结构，解决产业升级换代慢和产品趋同的问题。

(2) 区域经济主体一体化下，市场将发挥更大的资源配置作用，促使要素流动更加自由，使更多的资金、技术和人员进入现代产业生产领域，在城市群地区形成一大批具有专业市场经验、专业产品开发技术的大型现代化企业。

(3) 区域经济主体一体化，有利于城市群小企业迅速崛起。城市群中的企业大部分是以联营或个体等形式出现的，其规模较小，技术较差，研发能力不强，企业产品种类繁多且质量参差不齐，很少具有拳头产品。区域经济主体一体化后，城市群企业将迎来更多的发展机会，可以更加充分地利用要素市场，实现资源的优化配置，研发的产品将更具有自身特点，同时更符合市场的要求。

2.2.2 区域社会一体化

区域社会一体化，即满足居民生活在基础设施完善、配套设施齐全、公共服务完备的社区的愿望。2008 年 1 月 1 日起施行的《中华人民共和国城乡规划法》详细列明各级政府是制定区域发展总体规划的主体，制定的费用由同级财政负担。同时，该法强调区域在规划时应包括城市规划、镇规划、乡规划和村庄规划。通过这些不同层次规划的协同配合，实现区域的建设规划、公共服务、社会管理的一体化，同时，政策与制度也要为区域社会服务，最终实现区域社会一体化。

1. 区域建设规划一体化

区域建设规划一体化是进行区域经济社会一体化的先决条件，只有把区域建设规划做好，才能更加科学地进行建设，才能更好地统筹区域经济社会的发展。

(1) 区域统一规划、统一标准。在区域规划中要充分发挥区域各自的功能，要充分考虑区域居民的生活习惯，在规划建设时更要注意区域设计规划管网衔接一致。

(2) 在对城市群建设规划时，应充分考虑到有利于方便居民生产生活的要求，有利于城市群经济日后发展的要求，以及要把城市群水、电、气和广播通信等基础设施一并优先规划。

(3) 在实施区域建设规划一体化时，要充分考虑和设计城市群地区的学校、卫生院、文化站、幼儿园、福利院等公共服务设施的建设，为区域社会一体化做好保障。

(4) 区域生态环境保护设施及施工生态环境评测应优先实施。在区域建设规划中应优先规划环保设施和垃圾处理设施，应对在建项目进行测评，坚决杜绝重复建设、不合理布局和边建设边污染。

2. 区域公共服务一体化

公共服务是指为社会大众参与经济和社会生活提供的必要保障，它一般包括基础设施、教育、文化、卫生、医疗和体育等主要由政府财政承担的基础性事业。公共服务是社会福利的一种，由于受经济发展水平的制约，我国公共服务起步较晚，发展较为缓慢，同时还存在着区域发展不均衡的状况。区域公共服务一体化的实现，对于缓解区域经济一体化阶段积攒的大量社会矛盾有着十分重要的作用，对于促进公共资源均等化也有明显的帮助，也有助于形成更加科学的公共服务供给体制。

在现阶段我国区域间的这种公共服务的不平等，主要涵盖了教育、医疗、就业和社保等多方面，这些方面的不平等集中表现为区域社会的矛盾，这些方面也成为实现区域经济社会一体化的突破口。

(1) 实现区域教育一体化。实现区域教育一体化即扭转在区域经济一体化阶段，城市群因财政支持不够而造成的办学条件差、师资力量不足、中小学布局不合理和优质教育资源稀缺的现状，而最终在区域经济社会一体化阶段形成一体的区域教育体系，改善办学条件，鼓励优秀教师资源向城市群的边缘城市流动，吸引更多优秀人才投入到教育事业当中，努力将最新科技成果应用于教育方面，使更多的城市群学生享受现代教育的丰富成果。

(2) 实现区域医疗一体化。实现区域医疗一体化即要解决在区域经济一体化阶段，城市群医疗基础设施薄弱、覆盖面窄、缺乏基本的监控体系和基本卫生服务水平低的现实情况，城市群医疗条件和水平的提高不能一蹴而就，这些都有赖于资金支持和政策倾斜。但现阶段可以通过制度建设，调配医疗资源，在城市群区域内大力提升医院的设备和医疗水平，不断完善街道、社区卫生所配置，使区域紧张的医疗状况得到缓解，最终提升区域医疗水平，逐渐实现一体化。

(3) 实现区域就业平台一体化。实现区域就业平台一体化即要让城市群务工者和打工者均能享受平等的就业权利和机会，都有平等的接受政府就业指导和培训的权利。同时，在区域经济社会一体化下，政府要提供大量的政策支持，真正落实平等就业的相关配套制度，统一规划组建区域就业信息平台，为城市群务工者提供培训和学习的机会，缓解就业压力，提升城市群就业水平。

(4) 实现区域社会保障一体化。实现区域社会保障一体化即满足城市群居民的多层次需要，安排多层次的保障项目，具体包括社会保险、社会救济、社会福利、优抚安置等，让城市群居民平等地享受社会保障。长期的区域分治制度，以及长期以来没有一个贯穿始终的区域社会保障缴费制度，加大了区域社会保障一体化的难度。区域社会保障一体化是要在较长的时间内实施适度普惠的一体化和渐进式的一体化，再通过不断完善缴费标准，不断扩大缴费范围达到区域社会保障逐渐合并，最终实现区域居民平等地享有社会保障。

3. 区域社会管理一体化

从区域经济一体化时期的管理经验来看，"管制型"政府采用"强国家—弱社会"的社会管理形态，这塑造了一个凌驾于社会之上的政府本位和官本位的封闭官僚机构。随着区域经济社会一体化的推进以及现有条件的改变，区域经济一体化阶段所形成的区域管理方式已与经济转型、社会转型不相适应，也不再满足区域经济社会一体化的发展要求，因此国家提出要实现创新社会管理，要大力推动政府转型，最终形成区域社会管理一体化。

社会管理创新过程中，管理内容创新是重点。创新社会管理模式，必须创新管理内容，理清管理领域，强化社会公共事务的管理，有效调处社会矛盾，维护各方各类群体的正当权益。

政府转型过程中，要正确处理政府与社会组织以及各相关主体之间的关系，明确各方主体在社会管理中的定位。强调党和政府在社会建设中的中心位置，强调政府公共财政的更多投入，同时要健全和完善社会自治、自律和自我发展的新机制，充分发挥各种社会组织和公民个人在社会管理上的主体性及其对政府社会管理的监督制约作用。增强全社会参与社会管理的活力，进一步完善社会管理的运行机制。要建立不同社会主体之间平等、民主的社会合作机制，倡导参与型行政理念，形成兼顾各方各类利益、维护全体人民的发展利益与环境生态利益相结合的可持续发展管理机制，努力实现生态系统良性循环。

未来创新性的区域一体化管理方式应是以服务型、引导型、适度干预型为核心的兼具开放、民主和公平的现代管理方式，它是解决区域突出社会问题的有效途径，其中应包含以下几个方面：

(1) 区域管理综合治理一体化。在区域社会一体化过程中，将社区化作为区域一体化新的载体，建立标准统一、规范管理的社区，同时融合教育、管理、建设、文化以及社会生活等方面，来统一落实区域一致的综合治理的社会职能。

(2) 区域社会矛盾处理机制一体化。平等的社会制度是保障现代社会顺畅运行的基础细胞，随着经济的不断发展，社会矛盾的增多恐怕是必然现象。因此，在区域社会矛盾处理机制一体化下应建立以城市群社区管理团队为核心的专业社会矛盾纠纷调解团队，形成完善统一的社会矛盾纠纷处理机制。

(3) 区域安全生产监管一体化。新型开发区和产业园的建立，使大量的工业企业进入城市群，大量的劳动力进入工厂，这就需要有一套区域一致的安全监管体制，来保护区域务工者的共同利益和大家的共同安全。区域安全生产监管一体化有利于形成对城市群高危行业、高危项目的区域统一管理、区域统一监管、区域统一标准，有利于健全区域统一的安全生产体系，有利于建立区域统一的重大项目应急处置机制。

(4) 区域风险处理机制一体化。随着区域社会一体化的建设，如何正确评估建设风险以及怎样及时处理是需要重点考虑的问题，因此要健全社会风险评估机制和应急管理体系建设，提高应对各种风险的能力，并形成维护社会长期稳定和有效处理社会公共危机事件的社会稳定机制。

2.2.3　区域环境一体化

1. 区域基础设施一体化

城市群具有完备的基础设施是衡量区域经济社会一体化落实情况的先决条件。在实现社会主义现代化的过程中，经济越发展对基础设施的要求和依赖就越高，城市群基础设施建设是发展城市群各项事业的根本，是城市群居民生活的保障。城市群只有不断完善基础设施，才有可能为转变产业结构以及改善居民生活提供基础性的保障。在区域经济一体化阶段，我国不断加大了对基础设施的建设和投资，但与国民经济发展和人民生活需求相比，我们的基础建设仍显滞后，尤其是农村地区，受历史欠账多、优质资源供给不足等多因素制约，在基础设施等方面存在突出短板。因此，在推进区域经济社会一体化阶段，大力改善基础设施建设，实现区域基础设施的一体化，是推动城市群经济发展的重要路径之一。

2. 区域环境保护一体化

建设宜居、宜游、宜学、宜商的环境优良、山川秀美的社会主义城市群，是区域环境保护一体化的基本要求。生态环境保护不是简单一个地区的保护，而应具有整体性、全方位的考量，对城市群生态环境的保护应进行总体规划。在区域经济一体化阶段，过于注重经济的发展会导致城市群的环境污染和破坏，而环境的破坏又反过来严重制约了经济的发展，因此，不能先牺牲环境，再保护环境，一些环境的不可逆性使后期弥补要付出几十倍甚至上百倍的代价。所以，现阶段提出区域环境保护一体化，通过建立统一的平台、完备的制度，以及进行合理的资源分配，来加大对城市群环境的保护，是十分必要的。

对区域环境的一体化保护，是指将该区域的大部分范围放在统一的保护规划下，统一制定政策，统一颁布法规，统一调拨资源和经费，实施整体性和全面性保护。对区域环境保护一体化的不断落实有利于开展以下三个方面的保护工作：

(1) 保护稀缺的土地资源。我国城市群的土地资源是我国经济安全、食品来源以及生产建设的基础和根基，这是坚决不能动摇的。区域生态环境保护一体化首先就是要保护好我国的土地资源，要进行统一规划、统一建设，坚决杜绝乱设宅基地、企业污染排放物污染土地和政府盲目开发浪费土地资源。

(2) 保护城市群生态环境。在城市群区域经济一体化的发展道路下，经济快速增长的同时也带来了污染问题。因此，在区域环境保护一体化下，应建立一套区域统一的环境评价标准，对城市群环境进行评价考核；建立一批区域一致的环境监测设施，对环境进行整体检测；建立统一的污染物处理设备，使工业原料和生活垃圾能够集中处理，保护城市群环境不被污染；建立区域统一的循环机制，在坚持治污的同时，要着力推进绿色发展，支持煤炭、钢铁、水泥、焦化、电力等高耗能、高污染行业企业实行超低排放改造，为实现更高层次转型发展注入新的活力。持续推进污染防治攻坚，让防治成果可持续化。

(3) 保护城市群人居环境。由于受到地方政府资金的限制，城市群地区人居环卫基础设施建设不足和建筑建设缺乏规划引导的现象较为普遍，在不断强化区域经济社会一体化的政策下，区域应统筹环境整治投资比重，统筹区域环卫事业发展，实现区域垃圾处理系统和处理体系一体化，生活用水处理体系一体化，统筹规划人均绿化建设面积，最终达到区域环境科学管理，打造城市群宜居生活空间。

3. 区域居民生活方式一体化

生活方式是一个十分宽泛的概念，它不仅包括生活领域、行为领域，还包括了精神领域。在不同的时期，不同的地区人们的生活方式都会有所不同，也会受到一定因素的影响。随着时代的发展，区域居民的生活方式发生了巨大的变化，城市群居民的生活质量随着经济的增长，彼此间的差距反而不断拉大，这种现状不符合全体人民共同富裕、生活水平共同提高、共享人类文明的发展宗旨。因此，在区域经济社会一体化的大背景下，应尽可能采取多种措施来进一步缩小区域在经济和社会方面的差距，促进区域内居民生活方式的一体化发展，最终形成一种更加健康的、积极向上的生活方式。

(1) 形成合理的消费习惯。国家应加强引导、提倡健康的生活方式，培养积极向上、健康的生活习惯，合理引导广大居民的理财观，促进城市群居民形成良好的消费观。

(2) 形成新的社会交往方式。城市群居民逐步形成以邻里、朋友和同事为中心的新型人际关系。

(3) 形成新的文化娱乐休闲方式。在区域经济社会一体化下，新社区将规划图书馆、文化中心、运动场所和电影院等文娱场所，这将使城市群社区居民共享社会进步所带来的文明成果。

2.2.4 区域城镇体系一体化

区域城镇体系的发育、优化与完善是衡量一个地区经济、社会发展水平的重要标志，也是区域经济发展和合理布局的重要内容。工业革命以后，城镇与区域经济社会一体化发展相互促进，相互依赖，共同发展，城镇体系逐步建立和完善，在区域经济社会一体化发展中起着愈来愈重要的作用。在一个国家和区域范围内，城市场与城市场之间也相互作用和关联，由众多规模、职能各异的城镇组成的城镇体系，共同作用推动着区域经济社会一体化向前发展。

1. 合理的城镇体系等级规模结构推动经济社会一体化发展

1) 合理的城镇体系等级规模结构是增进区域要素流动的纵向支撑

中心城市向城市群腹地的资本、创新等扩散，正是通过具备合理等级规模的城镇体系来实现的，此外城市与区域经济学家米尔顿·桑托斯(Milton Santos)认为：欠发达国家城市经济呈现出"分享空间"的结构特征，一国或地区的城市经济活动不是一个统一的整体，而是由高级循环与低级循环两种循环活动所构成(见表 2.1)。合理的城镇体系等级规模结构为大城市资源要素向外扩散、为经济活动中的两种循环提供了支撑的通道，这对于区域经济联系的增强起到了必不可少的纵向支撑作用。

表2.1 城市经济活动的高级循环和低级循环

方式	产业构成	相对重要性	空间联系特征
高级循环	资本密集型制造业、城市金融业、出口贸易、商品批发、邮政通信	在大城市中居重要地位	各级城镇间的垂直联系
低级循环	非资本密集型制造业、零售业务、非现代化的小规模贸易	在中小城镇中居重要地位	中小城镇与周围乡村的横向联系

2) 合理的等级规模结构促进交易效率的提高

形成合理的等级规模结构的最终结果应该是：城市金字塔分层结构的产生，即分工的发展会形成少数大城市在上层，众多中等城市在中层，更多小城市在下层的金字塔形的城镇体系等级规模结构。合理的城镇体系等级规模结构是市场经济运行下分工经济与交易费用实现均衡的一个结果，也是达到最佳交易效率的体现，从而也成为区域经济社会一体化协调发展的基础条件。

3) 具备一定规模的城镇是经济社会一体化建设的前提

城镇的规模和密度影响集聚经济的规模，集聚经济促进经济的发展，由此带来城市对劳动力的额外需求，吸纳更多的城市群剩余劳动力向城镇转移。

4) 不同等级规模的城镇在推动区域经济社会一体化发展中具有不同作用

(1) 超大城市(核心城区)——集聚经济的发挥。国际经验证明，城市特别是规模较大的城市，会产生明显的集聚效应，从而带来较高的规模收益、较多的就业机会、较强的科技进步动力和较大的外部扩散效应。集聚后的城市创新和势能不断得到提升和扩大，为工业反哺农业、城市带动城市群创造了条件。

(2) 大城市不仅以其人口为农产品提供了巨大的消费市场，同时其拥有的先进服务业为农业生产和农产品销售提供高水平的信息、技术和服务支撑，造就了强有力的农业经济竞争优势和农民的高收入，从而推动城市群的发展。

(3) 中小城市是区域城市群与周边腹地经济社会发展联结的重点环节。中小城市一般是指人口在 50 万规模以内的城市，它们的发展壮大及中小城市之间、中小城市与小城镇的紧密联系，能促进形成一个合理的城镇体系等级规模结构，并推动城市群自下而上地发展。在城镇体系等级规模结构中，小城镇的位置十分重要，它位于城镇体系的最低等级的节点，在推动经济社会一体化建设中起到了不可替代的作用。

2. 协调的城镇体系空间结构推动城乡经济社会一体化发展

城镇体系空间结构从本质上讲，是一国或地区内经济和社会物质实体——城镇的空间组合形式，也是地域经济结构、社会结构和自然环境的空间投影。城镇体系空间结构受到发展现状及未来规划、资源分布及开发状况、交通干线框架、区域对外主要经济联系方向等多种因素的影响，因此，每个区域内城镇体系空间结构都没有完全统一固定的形式，如北京市城镇体系空间结构呈现出新城围绕核心区呈圈层扩展的特征，兰州市城镇体系空间结构则主要以黄河为依托、城市中心区和外围城镇连片向两侧拉长。以下为对城镇体系空间结构的相关分析：

1) 多中心——外围城镇体系空间结构的特征

该体系空间结构体现紧密关联性的城镇体系网络化布局：作为中心的大城市利用资本、技术、信息等方面的优势发展高新技术产业、现代生产服务业及新兴产业带动整个城镇体系产业升级和结构转换，形成资本、技术、信息、产业自上而下的外溢。另外，其产业关联不仅包含不同等级间的纵向关联，还包括相同等级间的横向关联，从而形成产业链关联下的群落状城镇网络体系。

2) 多中心——外围城镇体系空间结构的优势分析

该体系空间结构相对于单中心模式来说，具有更明显的优势。

(1) 从"单中心到多中心"是城镇体系空间结构演变规律的体现。集聚带来的向心力是城市形成和发展的最初力量，这种力量的强势发展以及其与扩散力之间的博弈结果带来了城镇体系的形成和发展。从"单中心到多中心"，从极化发展到多中心化发展，是通常情况下城市空间发展的一般逻辑。

(2) 该体系空间结构有利于可达性的提高和生产要素流动成本的降低。从可达性与交易成本的角度分析，该体系空间结构较"单中心——外围"的结构模式而言，更有利于可达性的提高和生产要素流动成本的降低。再考虑到城市发展交通拥堵的问题，单中心结构往往存在交易费用奇高的规模不经济特征，因此产业结构专门化、多中心的集聚就要优于单中心的圈层式结构。

(3) 该体系空间结构对改变城乡二元格局有更强的带动作用。如果能构成多中心集合引领区域整体发展，这相对于单中心——外围城镇体系而言会获得更大的实力增强效应，可增强中心城市引领外围城市发展的实力。

3. 明晰的城镇体系职能结构推动经济社会一体化发展

1) 城镇体系职能组合体现产业分工合作

城镇体系职能组合反映了一国或地区城镇体系中各城镇在政治、经济、文化生活中所担负的不同任务和承担的不同作用，因此与单一的城镇职能概念相比，城镇体系职能组合的实质是各城镇在城镇体系发展中职能的比较和职能类型的划分。一个明晰的城镇体系职能组合内，各城镇都具有自己的特色。这些差别和特色则是根据各城镇在区域发展条件制约下，通过客观和人为的作用形成的区域分工产物。因此明晰的城镇体系职能组合要求每一个城镇在经济发展过程中不断明确自身职能定位和产业选择，从整体上看即表现为整个城镇体系分工的不断深化。

2) 明晰的城镇体系职能定位可提高城镇的专门化程度

明晰的城镇体系职能定位一方面有利于集聚效应的发挥，进一步促进人力资本的专业化技能积累，有利于发挥企业内部的规模经济，并更有利于企业技术的创新和进步；另一方面则能促进本地化经济，即产业集群形成的企业外部、产业内部的规模经济。产业本地化之所以能带来经济性，是因为具有三个深层原因：首先是形成了地方共享的劳动力市场，这对于企业和工人都有利；其次是可形成具有规模经济的中间投入品；最后是在本地更易形成知识和技术溢出。因此，区域经济要能得以一体化发展必须依赖于城镇体系职能结构及产业分工的合理化。

2.2.5 区域城乡一体化

城乡二元结构是在新中国成立初期形成的结构模式，其目的是促进现代化工业生产体系的构建，实现经济的快速发展，但导致了城乡发展差距加大。2008 年，中共十七届三中全会提出，要在 2020 年基本形成城乡经济社会一体化新格局，助推新常态下经济快速增长、破解三农问题、全面建成小康社会。区域城乡一体化是指通过经济、社会等方面的融合，实现破除城乡二元体制、打破城乡二元分割局面的目的，而不仅仅是将乡村转变为城市或城市转变为乡村的城乡均质化发展模式。

城乡一体化的内涵主要包括：从社会化发展史角度看，城乡一体化是城乡关系发展的必然趋势。当地区生产力高度发达后，城乡间在经济、社会等方面实现协调发展，关系逐步由对立走向融合。从区域空间发展的角度看，通过劳动力、资本、土地等生产要素在城乡间自由流动，使得农村具有城镇特色，城镇兼具农村气息，城乡的空间界限、传统差别逐渐模糊，从而实现城乡间摆脱地理距离限制，生产要素实现双向流通。从经济社会协调发展角度看，城乡一体化不仅要求城乡经济差距缩小，更要求城乡间的公共服务配置均衡以及城乡间的经济协调、社会协调同步提升。加强农村基础教育、医疗卫生、社会保障、基础设施等公共服务方面的供给和基础设施的建设，达到城乡间公共服务配置的均等。缩小城乡间的收入差距，实现统筹发展等。

综上所述，城乡一体化是人类社会发展到一定阶段、生产力水平达到一定高度后，城市与乡村两种不同特质的经济社会单元和人类聚落空间，摆脱地理空间限制，在经济、社会上实现协调发展的动态过程。其中，经济一体化和社会一体化是城乡一体化所包含的核心内容：

(1) 城乡经济一体化反映城乡间生产要素的流量，是城乡经济社会一体化的物质条件。基于城乡间平等的经济政策，劳动力、土地、资金等生产要素可在城乡间自由流动，进而带动城乡收入差距缩小、城乡产业实现融合。要实现城乡经济一体化，首先农村应利用其比较优势，从自身发展着手，缩小与城市的差距；其次在城市辐射带动作用下，城市要素、产业、职能等向农村有序扩散，促使产业在城乡间的布局不断优化，以达到资源配置的高效率，进而带动城乡经济共同发展。

(2) 城乡社会一体化反映城乡居民在享受基础教育、医疗卫生等公务服务方面的均等化程度，是城乡经济社会一体化的表现结果和价值取向。新中国成立初期建立起的城乡二元制度，其所具有的城市偏向性不仅严重制约了农村的经济发展，而且造成对农村的财政投入长期不足和城乡公共服务配置失衡等局面。在城乡经济利益的协调分配中，城乡社会一体化不仅有利于安定社会环境的形成，而且保障了农民的切实利益，是解决"三农"问题的坚实后盾。

2.3　协调与协调发展的内涵

2.3.1　协调的内涵

浙江大学熊德平教授认为，"协调"一是指事物间关系的理想状态，一是指实现这种理想状态的过程。经济学中，"协调"既可以视为在各种经济力共同作用下，经济系统的均衡状态，也可以视为经济系统在各种经济力的共同作用下，趋向均衡的过程。管理学中，"协调"主要指实现管理目标的手段和过程，强调的是对各种管理要素的综合考虑。系统科学中，"协调"是为实现系统总体演进的目标，两种或两种以上相互关联的系统或系统要素之间相互协作、配合得当、互为促进的一种良性循环态势及其控制过程。我国经济发展中，明确提出"协调"的概念是在 20 世纪 70 年代末 80 年代初，第七届全国人大四次会议的政府工作报告将"协调(发展)"定义为"按比例(发展)"，中国共产党第十六次代表大会把"协调"作为"科学发展观"的内核，党的十六届三中全会提出了"五个统筹"的要求。可见，"协调"尽管定义不同，但基本都具有目标和过程两层含义。

综合既有"协调"定义，熊德平教授认为："协调"是指在尊重客观规律、把握系统相互关系原理的基础上，为实现系统演进的总体目标，通过建立有效的运行机制，综合运用各种手段、方法和力量，依靠科学的组织和管理，使系统间的相互关系达成理想状态的过程。

2.3.2　协调发展的内涵

协调发展不是单一的发展，而是一种多元发展。在"协调发展"中，发展是系统运动的指向，而协调则是对这种指向行为的有益约束和规定，强调的是整体性、综合性和内在性的发展聚合，不是单个系统或要素的"增长"，而是多系统或要素在"协调"的约束和规定下的综合的、全面的发展。"协调发展"不允许一个(哪怕仅仅一个)系统或要素使整体(大系统或总系统)或综合发展受影响，追求的是在整体提高基础上的全局优化、结构优化和个体共同发展的理想状态。

"协调发展"的概念可以概括为：以实现人的全面发展为系统演进的总目标，在遵循客观规律的基础上，通过子系统与总系统，以及子系统相互间及其内部组成要素间的协调，使系统及其内部构成要素之间的关系不断朝着理想状态演进的过程。该定义特别强调了协调发展的下列特征：协调发展是以人为本，尊重客观规律的综合发展；协调发展是总系统目标下的"子—总系统""子—子系统"及其内部组成要素间关系的多层次协调；协调发展是基于发展所依赖的资源和环境承载能力的发展；系统间协调发展效应大于系统孤立发展的效应之和；协调发展在时间和空间上表现为层次性、动态性及其形式多样性的统一；协调发展具有系统性，协调发展系统具有复杂的内部结构，是一个开放的、复杂的、灰色的、非线性的自组织系统；协调发展的反面是发展不协调或发展失调。

2.4　内外在机制分析

经济改革促进了中国经济社会的全面进步，同时改革也是渐进的、不平衡的，体现在区域间的差距、不同地区间的差距，这就使得不同地区应依赖不同的动力来推进区域经济社会一体化。对于区域空间联系比较紧密，发展基础较好，区域经济互动已有一定基础的地区，应主要发挥区域之间在产业等方面的互促机制和农业现代化推力作用；对于区域空间联系较少，发展基础薄弱，区域经济互动基础较差的地区，应主要依靠中心城市辐射带动机制和农业工业化推力机制；对于区域空间联系极少，发展基础差，区域互动缺失的地区，应主要发挥小城镇建设以及中心城市、县城的作用。

城市群是指在特定的地域范围内，以一个或两个超大或特大城市作为区域经济社会发展的核心，以高度发达的现代化交通、通信网络为媒介，城市之间通过企业集聚扩散等密切的交互作用，产业的空间、部门演化以及基于地方政府的制度变迁所形成的具有特定规模结构、职能结构和空间结构的相对完整的城市集合体。城市群是工业化发展到一定阶段的产物，是城市化的高级形态，通常具有较高的经济社会发展水平。以城市群建设为载体，可以实现设施同城化、市场一体化、功能一体化、利益协同化；可以将城市和城市群的发展纳入一个大的体系中来统一规划，有利于发挥城市的渗透作用，也有利于发挥城市群潜在的发展优势，建立互动合作的区域关系。因此，要充分发挥中心城市的辐射作用，通过城市群各层级城市之间的联系，带动落后地区。

　　获取一体化带来的利益是区域经济社会一体化的根本动力，区域经济社会一体化是如何在这一根本动力的驱动下，来实现不同区域之间的合作与发展的呢？从内在看，区域之间在资源禀赋、要素价格、产业结构等方面各不相同，区域互补性和竞争性、社会分工与生产专业化、产业转移与产业融合、规模经济和交易成本机制成为区域经济社会一体化的内在机制；而政府的推力则构成区域经济社会一体化的外在机制，如图 2.1 所示。

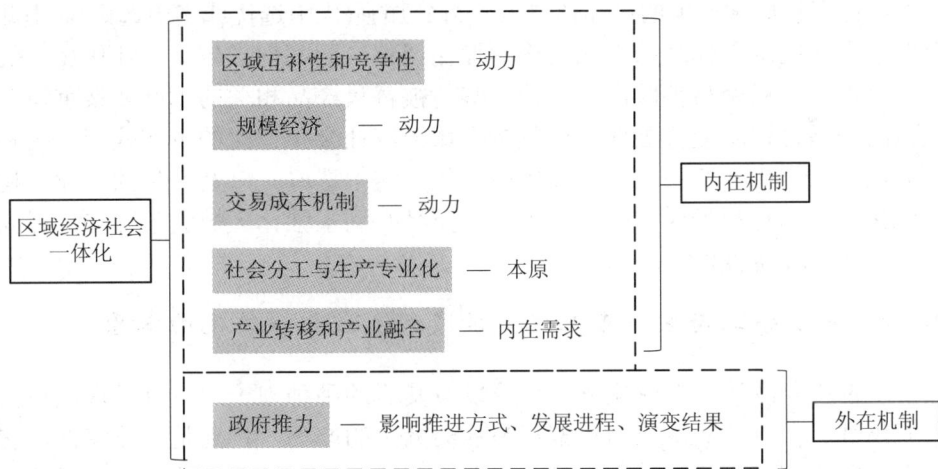

图 2.1　区域经济社会一体化内外在机制分析图

2.4.1　区域经济社会现实的互补性与竞争性是区域经济社会一体化的动力

　　区域互补性是指区域生产要素(资本、技术、劳动力、自然资源等)及其产品范围差别较大。区域竞争性是指区域生产要素及其产品范围差别较小。区域经济互补性与竞争性又可以分为潜在的和现实的，所谓潜在的是指按照生产要素来区别的，而现实的是按照产品差别来区别的。

如果区域经济社会之间存在的是现实的互补性，那么不同的空间经济主体产品范围差别较大，要形成区域经济社会一体化，区域之间要发生大量的产品交易并且交易的范围较广阔，通过一体化，首先产生了贸易效应，由于贸易量的增加导致与相应产品生产相关的生产要素的区域流动，形成了一体化内部的生产要素积聚，通过生产要素积聚与扩散，充分发挥要素经济效益，这就会产生一体化的生产效应。生产效应和贸易效应使得区域一体化的内部的消费者能够得到更多的多样化和个性化的产品。反过来，多样化和个性化的增加又刺激了贸易和生产的发展，这可以称作一体化的消费效应。消费效应成为生产效应与贸易效应正反馈的加速器和调节器，使得一体化贸易效应、生产效应一经产生，就不断进行自我积累与自我加速，并逐渐放大效应，促进经济社会一体化程度的深化。

如果区域经济之间存在的是现实的竞争性，那么不同的空间经济主体之间产品范围差异较小或基本一致，产品之间的替代性较强。一体化初期，这可能会使大量质优价廉的产品贸易效应得到加强(优中选优或劣中选好)，由此引发了空间经济主体之间产业结构的优化调整，同时也导致了一体化相关的生产要素新的积聚与扩散，也会使一些与被替代产品相关的生产要素重新开发新的产品，资源配置更佳，这就是区域经济社会一体化的生产效应。这种一体化内部替代性贸易效应导致优中选优、劣中选好，以及产生的产业结构的优化，不仅有利于内部效益的扩大，而且有利于强化区域竞争优势，提高一体化区域对外的竞争。

2.4.2　社会分工与生产专业化是区域经济社会一体化的本原

从古典经济学的专业化分工理论以及其后的种种理论中可以发现，包括产业集群、城市等经济空间集聚都是社会分工的产物，特别是产业集群，它是人们为降低专业化分工产生的交易费用和获取由分工产生的报酬递增的一种经济空间表现形式。任何产业集群都表现出明显的分工和专业化特征，分工和专业化的深化与产业集群发展之间表现出高度的一致性，专业化分工所产生的报酬递增机制是产业集群演化的动力机制。从专业化分工理论中也可以意识到，区域经济社会一体化作为资源在空间上优化配置的一个过程和状态，根本上取决于专业化分工的水平。提高生产的专业化水平，促进分工协作体系的形成，是区域经济社会发展和经济社会一体化的本原。

2.4.3　产业转移和产业融合是区域经济社会一体化的内在需求

当一个经济相对发达的地区进行产业结构调整升级的时候，必然有一些产业发生转移。就产业转移成本而言，周边的地区具有地缘优势，将会成为首选产业转移地。如果邻近地区不能承接产业转移，还可以利用一体化向区域纵深的经济腹地进行转移。同时转出地还可以继续利用这些产业的配套能力，支持自身产业结构转型，而承接产业转移的地区可以利用产业转移机会实现自身跨越式发展。因此，一个地区的产业如果缺少产业转移的空间支持，必然要影响自身产业结构转型与升级优化。而区域经济社会一体化正好可以为产业转移提供最小的转移成本和最大的转移收益，实现区域内多赢的局面。再来看产业融合，在一定的经济区域内，产业的发展水平一般是有差异的。例如，A 地区优势产业是信息产业和高科技产业；B 地区优势产业是传统农业和制造业，信息产业和高科技产业要进一步拓宽发展领域，而传统农业和制造业如要提高产品附加值，需要信息产业和高科技产业的改造和融合。即使 A、B 两地的产业结构相近，也同样需要进行强强联合，优势互补。因此，产业融合化的发展趋势使各个产业的发展息息相关，突破曾经分隔的不同行业障碍，从产品融合、业务融合到市场融合，都需要打破区域市场的分隔，通过市场资源要素的自由流动，实现企业间、产业间的融合发展。

2.4.4　规模经济为区域经济社会一体化注入了动力

区域经济社会一体化的规模经济有两层含义，一是经济社会一体化区域规模的大小，二是生产要素的规模经济。一个比较大的区域规模一般拥有较大量的区域生产要素，通过实施区域一体化，诱发生产要素的集聚与扩散，资源重新配置，容易产生生产要素(资本、劳动力、技术、自然资源等)的规模效应(突破瓶颈要素的限制，创建新的产业，开发新的技术，开拓新的市场等)，提高要素之间的替代强度，降低产品的边际成本。

2.4.5　特有的交易成本机制是区域经济社会一体化的新动力

区域经济社会一体化具有特有的交易成本机制，主要包括关税降低、可接近性。关税降低产生大量贸易，必然诱致一体化的贸易效应，以及相应的消费效应和生产效应。可接近性的影响因素包括地理距离、经济距离和社会文化距离。而经济距离又取决于地理距离以及跨越地理距离的运输方式及其成本。社会文化距离是指包括消费者嗜好在内的历史文化、风俗传统等的接近性。社会文化距离越小，越容易形成经济社会一体化。地理距离、经济距离和社会文化距离往往存在一定程度的一致性。因此，就可接近性而言，地理上相临的区域具有形成经济社会一体化的优势。

2.4.6 政府推力直接影响区域经济社会一体化的推进方式、发展进程以及演化结果

综观世界各种区域一体化组织，无论组织规模大小、成员多少、一体化程度高低，其基本的共同点都包括：一般由政府出面，签订经济社会一体化协议，作为区域性一体化组织发展合作的机制；为了推进本地区各国之间经济贸易合作，地区一体化组织往往需要建立一定的超国家机构，或至少需要由各成员国定期举行会议，形成制度；建立一体化的利益协调机制，保证一体化组织的各成员能够享受协议规定的权益，也必须尽协议所规定的义务。

关中平原城市群经济社会高质量一体化发展的现状及瓶颈

2018 年 1 月 9 日，国务院批复《规划》，批复指出，《规划》实施要全面贯彻党的十九大精神，以习近平新时代中国特色社会主义思想为指导，统筹推进"五位一体"总体布局和协调推进"四个全面"战略布局，坚持以人民为中心的发展思想，牢固树立和贯彻落实新发展理念，以供给侧结构性改革为主线，加快培育发展新动能，拓展发展新空间，以建设具有国际影响力的国家级城市群为目标，以深度融入"一带一路"建设为统领，以创新驱动发展、军民融合发展为动力，以延续中华文脉、体现中国元素的风貌塑造为特色，加快高端要素和现代产业集聚发展，提升人口和经济集聚水平，打造内陆改革开放新高地，充分发挥关中平原城市群对西北地区发展的核心引领作用和我国向西开放的战略支撑作用。

关中平原城市群由此成为继京津冀城市群、长江中游城市群、成渝城市群、哈长城市群、长江三角洲城市群、中原城市群、北部湾城市群之后的第八个国家级城市群。

3.1 现 状 分 析

关中平原城市群是丝绸之路经济带上的重要城市群之一，科教资源丰富，拥有一批国家级技术中心和工程实验室，其中西安的高校数就占到陕西省的 81.82%。在丝绸之路经济带沿线的城市群中，关中平原城市群经济与社会发展的基础条件最好，具备了区域发展的优势，也是区域新型城镇化的重要支撑。但与经济发达地区城市群相比，关中平原城市群经济总量不够大，对区域经济辐射带动能力不足，属于培育型城市群，还无法支撑起经济带的发展。

首先，关中平原城市群经济总量低，产业结构不合理。2018 年，关中平原城市群国内生产总值为 20 767.34 亿元，仅与重庆市的 GDP 总量相当。2018 年，全国有 4 个核心城市 GDP 超过关中平原城市群 GDP 总和。服务业所占比重较低，其中西安比重最高，达到 61.86%，而比重最低的宝鸡只占到了 29.48%。渭南第一产业比重高达 16.79%，远远高于全国 8.6% 的平均水平。

其次，经济外向程度低。2018 年关中平原城市群出口总额为 2131.18 亿元。同年，深圳市出口总额达 16 274.69 亿元，而成都和重庆分别为 2746.9亿元、3395.28 亿元。

再次，关中平原城市群城镇化水平比较低。根据陕西省信息中心发布的

《2014—2015 年度陕西省各市新型城镇化水平综合评价报告》，陕西 10 个市(区)中，西安、咸阳、宝鸡的新型城镇化水平位列前 3 位，而铜川位列第 6 位，渭南则位列末位。

最后，核心城市"一城独大"，城市群内部经济的关联性差，协同性低。关中平原城市群从产业到社会发展，内部联系还不够紧密，缺乏有效协作。其核心城市西安在经济总量、人口总数、科技资源和技术创新方面都占到主体地位，但与其他城市之间没有形成协作互补的关系。

3.1.1　规划范围

陕西地域狭长，因地理环境而被自然划分为陕北、关中和陕南三个区域。关中地处陕西省中部，历史文化悠久，工业体系完备，经济比较发达。关中平原城市群规划范围包括陕西省西安、宝鸡、咸阳、铜川、渭南 5 个市，杨凌农业高新技术产业示范区(以下简称杨凌示范)及商洛市的商州区、洛南县、丹凤县、柞水县，山西省运城市(除平陆县、垣曲县)、临汾市尧都区、侯马市、襄汾县、霍州市、曲沃县、翼城县、洪洞县、浮山县，甘肃省天水市及平凉市的崆峒区、华亭县、泾川县、崇信县、灵台县和庆阳市区。规划国土面积 10.71 万平方公里，占全国的 1.12%；2018 年，关中平原城市群实现生产总值 20 767.34 亿元，占全国的 2.3%；年末常住人口 4449 万人，占全国的 3.19%。

3.1.2　基础设施现状

关中平原城市群已形成了以西安市为中心呈"米"字形的交通网络，重要的东西方向干道有陇海铁路(复线、电气化)、西宝—西银高速公路、310 国道、312 国道，主要的南北方向干线有咸铜铁路、侯西铁路、宝成铁路(复线、电气化)、西延铁路、西康高速铁路(在建)、西铜一级公路、108 国道、210 国道、211 国道。城市群内所有市县中有 50% 已有铁路或高速公路经过，有 2/3 以上的市区或县城处于国道线上。关中地区的光纤通信、卫星通信、有线通信和移动通信等通信技术先进，其中固定电话和移动电话的普及率远远高于陕西其他地区，分别占全省 72.5% 和 70.5%，这些都使得中心城市的区域经济辐射功能，特别是第二产业对整个区域的经济服务职能和经济带动作用获得了更大的发展空间，为关中城市之间的经济联系奠定了良好的基础。

3.1.3 经济发展情况

总体来看，关中平原城市群经济发展势头良好，但财政预算赤字扩大的趋势值得关注。同时，城市群各城市之间的经济发展水平也呈现出巨大的差异。

1. 地区生产总值稳步增加

关中平原城市群地区生产总值稳步增加，2016 年区域生产总值为 15 641.42 亿元，2017 年为 17 559.53 亿元，2018 年增至 20 767.34 亿元(如图 3.1 所示)。2018 年比 2017 年增加 18.27%，显示出较快的增长势头。

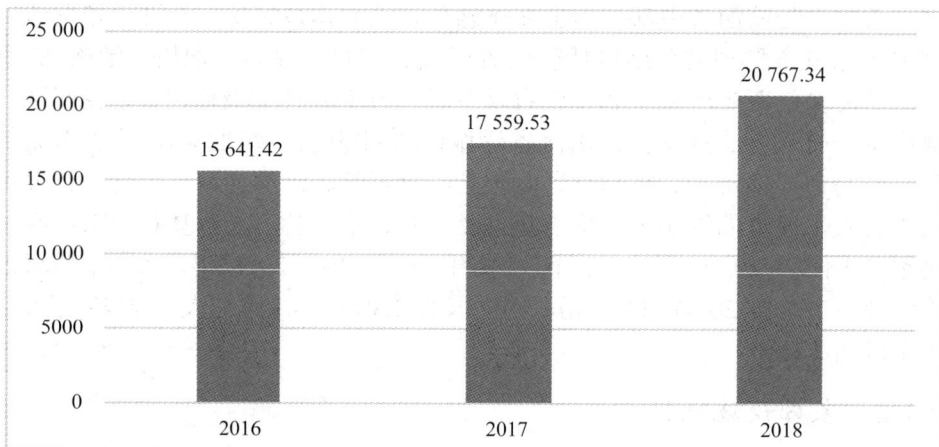

图 3.1　关中平原城市群 2016—2018 年地区生产总值(亿元)

(数据来源：中国人民银行西安分行和中国人民银行天水市、平凉市、庆阳市、运城市、临汾市中心支行)

关中平原城市群各城市经济发展水平差异巨大，如表 3.1 所示。中心城市西安的经济发展水平显著高于城市群内其他城市。2018 年，西安实现生产总值 8349.86 亿元，占关中平原城市群 GDP 的比重超过41%，其次是咸阳(约12%)、宝鸡(约 11%)、渭南(约 9%)，山西运城、临汾两市共约占 14%，甘肃天水、平凉、庆阳三市合计约占 8%。2018 年，西安财政一般预算收入 684.70 亿元，占关中平原城市群城市比重超过 50%，其次是临汾(约 9.3%)、渭南(约 6.7%)、咸阳(约 6.6%)，甘肃三市合计仅约占 10.1%。就人均水平看，西安市 2018 年人均 GDP 为 8.35 万元，居各城市首位，运城、平凉和天水的经济发展水平较低。

表3.1　2018年西安与关中城市群其他城市的主要经济指标对比

城市	常住人口 /万人	面积 /公里	地方财政一般 预算收入/亿元	GDP /亿元
西安	1000.37	10 958	684.70	8349.86
铜川	80.37	3882	23.10	327.96
宝鸡	377.10	18 117	87.76	2265.16
咸阳	436.61	9544	89.09	2376.45
渭南	532.77	13 134	90.91	1767.71
杨凌	20.93	135	8.49	150.46
商洛	238.02	19 292	21.83	824.77
运城	535.97	14 183	80.74	1509.64
临汾	450.03	20 275	126.02	1440.04
天水	336.89	14 277	50.36	632.67
平凉	212.53	11 170	32.54	456.58
庆阳	227.88	27 117	53.09	742.94

注：数据来源于2019年《中国城市统计年鉴》。

2. 产业结构不断优化，第三产业产值快速增长

近年来，关中平原城市群第一产业增加值保持稳定，为1500亿元左右，2017年增速仅为2.43%，2018年第一产业增加值有所提升，达到了1742.04亿元，增速为15.80%；第二产业增加值有所增长，2018年增幅相较于2017年有所增加，增速为16.20%；第三产业增加值增长速度快于第一产业和第二产业，第三产业占比增加明显，2018年达10 108.57亿元，比2017年增长22.71%。具体数值如图3.2所示。第三产业增加值快速增长，表明关中平原城市群产业结构升级成效显著。

通过对西安市与其他关中城市群各城市的产业结构以及重点产业对比分析，我们发现，2018年关中平原城市群的三次产业结构比重为8.4∶43.1∶48.5，一产较小，二产适中，三产相对发达。12个市(区)的对比中，西安市的第三产业相对发达，而宝鸡、咸阳、渭南、杨凌、商洛、庆阳等市(区)的第二产业占比较高，城市群中大部分地区仍处于工业化中后期阶段。在各城市的主要产业对比中发现，关中城市群各城市之间的产业发展各有侧重点，但仍有一部分产业出现了"交叉重叠"，即产业同构现象。这也充分说明关中城市群的产业协同发展非常有必要，而且产业协作的空间非常广阔，具体见表3.2。

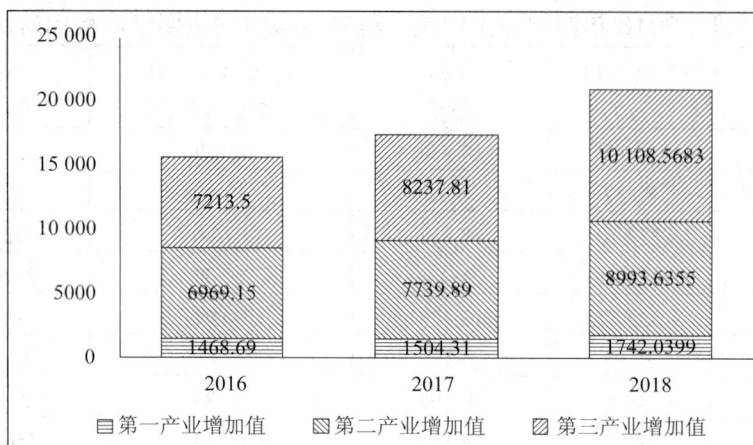

图 3.2　2016—2018 年关中平原城市群三次产业增加值(亿元)

(数据来源：各相关市(区)2018 年国民经济和社会发展统计公报)

表 3.2　2018 年关中城市群各城市的产业对比

城市	三次产业结构	主 要 产 业
西安	3.1：35.0：61.9	高新技术、装备制造、旅游、现代服务、文化
铜川	7.5：43.2：49.3	煤炭、建材、机电、中药材
宝鸡	7.2：63.3：29.5	装备制造、有色金属加工、智能制造、旅游
咸阳	12.0：56.9：31.1	旅游、装备制造、能源化工
渭南	16.8：42.0：41.2	新能源材料、现代化工、节能环保、旅游
杨凌	5.2：55.1：39.7	现代高端农业
商洛	11.5：53.5：35.0	中药、黑色金属矿产、现代物流业
运城	15.0：36.8：48.2	特色农业、旅游
临汾	6.5：45.9：47.6	煤炭、钢铁、装备制造、旅游
天水	14.0：30.7：55.3	文化、旅游、装备制造、卷烟业
平凉	22.2：26.3：51.5	煤化工、果菜草畜、旅游
庆阳	10.0：50.3：39.7	石化、天然气化工、果菜草畜、旅游

注：数据来源于 2018 年陕西省统计局。

从表 3.2 中可以看出，关中平原城市群内部各城市的三次产业结构占比不尽相同，产业发展各有侧重。西安咸阳两市文化同源、山水同脉、民俗同根、城市同体，应加快大西安一体化建设，实施"产业一体同构、城市功能互补"的新模式。宝鸡市处在向西开放的重要节点上，具有工业基础雄厚，结构体系完备，资源富集，文化厚重等独特优势，是西部工业重镇和装备制造业名城，应协作推进产业结构优化升级。渭南区位优势明显，能源化工、有色冶金、食品医药等传统产业基础雄厚，劳动力、土地、资本等生产要素成本低，西渭合作既能发挥西安的产业和居民消费优势，也能带动渭南产业发展壮大。铜川产业基础良好，能源、建材、土地以及农产品优势显著，发展空间广阔，具备承接大西安辐射带动的基础和条件，应推进两市产业整合、企业创新协作。杨凌是国家级农业高新技术产业示范区，应推进西安和杨凌示范区合作，实现两地的土地、劳动力资源和农业产业优势互补，助推农业高新技术产业结构优化升级。商洛在生态、区位、资源等方面优势显著。天水、平凉、庆阳、临汾、运城四市也拥有特色产业，并具有丰富的历史文化和红色资源。因此，西安与城市群外围的城市在产业资源整合、上下游产业链对接、文化旅游一体化等产业领域合作的潜力巨大。

3. 固定资产投资规模显著提高

关中平原城市群固定资产投资稳步增加。经计算，2016 年，关中平原城市群固定资产投资额约为 18 356 亿元，比 2015 年增加 10.91%；2017 年，关中平原城市群实现全社会固定资产投资约 21 056 亿元，比 2016 年增加 14.71%，占全国的 2.2%，呈现出较快的增长势头。其中，从增速情况看，2018 年，陕西七市(区)均保持了 8%以上的较好增长，山西两市及甘肃三市均为负增长。关中平原城市群各城市固定资产投资情况差异巨大。陕西七市(区)实现投资 17 871.63 亿元，占关中平原城市群比重达九成以上；西安占35.9%，是总量居第二位宝鸡的 2.0 倍。铜川、杨凌示范区、商洛、天水和平凉固定资产投资额均小于 1000 亿元，其中，铜川和杨凌示范区分别仅为476.29 亿元和 206.12 亿元。从增速角度看，宝鸡和杨凌示范区 2017 年固定资产投资额比 2016 年增加超过 12%，体现了迅猛的增长势头，而庆阳、运城和临汾固定资产投资额呈现负增长。

4. 财政预算赤字逐年扩大

关中平原城市群 2017 年财政赤字为 1986.15 亿元，比 2016 年增加129.86 亿元；2018 年财政赤字为 2797.92 亿元，比 2017 年增加 811.77 亿元。

近年来，关中平原城市群一般预算收入总额保持稳定，略大于 1000 亿元；一般预算支出增加明显，2017 年和 2018 年一般预算支出总额分别为3069.94 亿元和 4263.90 亿元，分别比上年增加 6.22%和 38.89%。由此，关中平原城市群财政赤字成逐年扩大趋势，如图3.3所示。

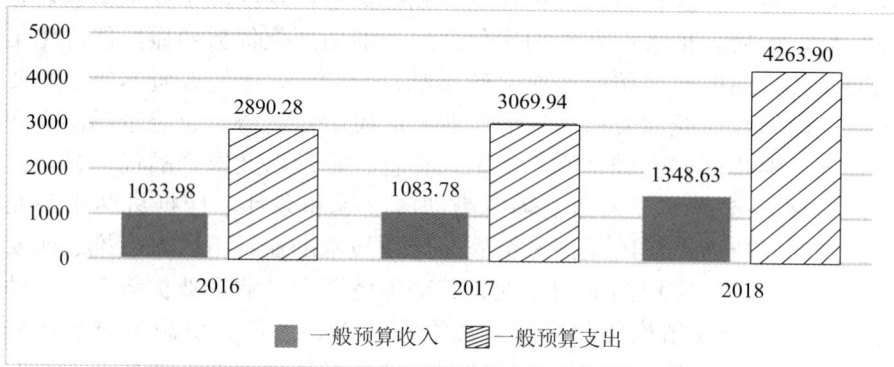

图3.3 2016—2018年关中平原城市群财政收支总额(亿元)

(数据来源：各相关市(区)2018年国民经济和社会发展统计公报)

中心城市西安市2018年一般预算收入和一般预算支出均远大于其他节点城市，其余城市财政收入大多小于100亿元。关中平原城市群中一般预算收入与一般预算支出差距较大的城市有宝鸡、咸阳、渭南、商洛、临汾、天水、平凉和庆阳。具体财政收支情况如表3.3所示。

表3.3 关中平原城市群各城市2018年财政收支情况   亿元

城市	一般预算收入	一般预算支出
西安	684.70	1151.87
铜川	23.10	127.97
宝鸡	87.76	330.28
咸阳	89.09	379.78
渭南	90.91	445.98
杨凌	8.49	27.18
商洛	21.83	242.95
运城	80.74	337.87
临汾	126.02	385.92
天水	50.36	311.41
平凉	32.54	241.54
庆阳	53.09	281.15

注：数据来源于2019年《陕西省统计年鉴》、各相关市(区)2018年国民经济和社会发展统计公报。

5. 对外经济发展不平衡

关中平原城市群对外经济高度集中于中心城市。西安市 2018 年进出口总值为 3303.24 亿元，占关中平原城市群的 91.37%，远远大于其他节点城市，其中铜川、杨凌示范区、平凉和庆阳的进出口贸易发展较为滞后，2018 年进出口总值均未超过 10 亿元。对外经济具体数据见表 3.4。

表 3.4　关中平原城市群各城市 2018 年对外经济情况　亿元

城市	进出口总值	出口
西安	3303.24	1957.17
铜川	3.00	3.00
宝鸡	63.11	33.63
咸阳	59.86	34.17
渭南	14.83	13.17
杨凌	8.17	4.49
商洛	21.29	12.51
运城	77.06	27.29
临汾	19.79	15.76
天水	38.25	23.64
平凉	4.79	4.77
庆阳	1.72	1.58

注：数据来源于 2019 年《陕西省统计年鉴》、各相关市(区)2018 年国民经济和社会发展统计公报。

6. 居民收入稳步增长

关中平原城市群居民收入稳步增长。2018 年城镇居民人均可支配收入和农村居民人均可支配收入均比 2017 年都有所增加。

从居民收入总量看，西安、宝鸡、咸阳、渭南、杨凌和临汾六个市(区)的城镇居民人均可支配收入均超过三万元，其中总量最高的西安市达 38 729 元；西安、宝鸡、咸阳、渭南、杨凌、运城、临汾七个市(区)的农村居民人均可支配收入均超过一万元，其中总量最高的西安市达 13 286 元。商洛的城镇居民人均可支配收入较低，天水的农村居民人均可支配收入较低。

从居民收入增速看，陕西七市(区)及甘肃三市居民收入增长较快，城镇及农村居民人均可支配收入分别保持了 7.9% 以上及 9% 以上的较好增速，运城城镇居民人均可支配收入、临汾城镇及农村居民人均可支配收入增长相对较缓。具体数值见表3.5。

表3.5　关中平原城市群各城市2018年居民收入情况

城市	城镇居民人均可支配收入		农村居民人均可支配收入	
	总量/元	增速/%	总量/元	增速/%
西安	38 729	8.1	13 286	9.0
宝鸡	31 802	8.2	11 936	9.3
咸阳	33 364	8.1	10 893	9.1
铜川	29 996	8.3	9289	9.2
渭南	31 133	8.3	11 655	9.4
杨凌	35 193	8.0	12 392	9.5
商洛	23 491	8.4	9112	9.5
运城	29 104	6.6	10 916	9.2
临汾	30 749	6.5	11 590	7.9
天水	26 704	8.5	7700	9.0
平凉	27 448	8.0	8303	9.1
庆阳	29 646	7.9	8862	9.2

注：数据来源于陕西统计局 2019 年 12 月 5 日《关中平原城市群发展研究》。表中商洛、运城、临汾、平凉、庆阳城乡居民收入数据均为全市口径。

3.1.4　金融运行情况

1. 城市群内存贷款余额持续平稳增长，城市群外存贷款余额显著下降

2018 年末，关中平原城市群金融机构人民币各项存款余额 39 592.09 亿元，较 2017 年末增加 10 713.37 亿元，增长 37.1%。从存款结构看，2017 年末城市群内存款余额比年初增加 2028.48 亿元，增幅 7.56%；而城市群外存款余额比年初减少 4.26 亿元，增幅 13.69%，增幅较 2016 年回落 32.96 个百分点。2015 年以来，境内存款中的住户存款、非金融企业存款和广义政府存款逐年增加，而非银行业金融机构存款有所减少。

2018 年末，关中平原城市群金融机构人民币各项贷款余额 29 810.17 亿元，较 2017 年末增加 5900.01 亿元，增长 24.68%，增幅较上年同期增加 14.25 个百分点。从贷款结构看，2017 年末城市群内贷款余额比年初增加 2268.10 亿元，增幅 10.49%；而城市群外贷款余额比年初减少 9.15 亿元，增幅为 38.61%，增幅较 2016 年回落达 94.09 个百分点。关中平原城市群金融机

构人民币存贷款情况见表 3.6 和表 3.7。

表 3.6　2017 年关中平原城市群人民币存款情况

来源项目名称	2017 年末余额 /亿元	2017 年比 2016 年增加 /亿元	2017 年增幅 /%
各项存款	28 878.72	2024.22	7.54
(一) 城市群内存款	28 851.86	2028.48	7.56
1. 住户存款	13 902.64	1254.32	9.92
(1) 活期存款	4886.53	383.40	8.51
(2) 定期及其他存款	9016.11	870.92	10.69
2. 非金融企业存款	9040.51	557.79	6.58
(1) 活期存款	4698.69	362.73	8.37
(2) 定期及其他存款	4341.82	195.06	4.70
3. 广义政府存款	4578.32	503.16	12.35
(1) 财政性存款	448.84	115.49	34.65
(2) 机关团体存款	4129.48	387.67	10.36
4. 非银行业金融机构存款	1330.39	−286.80	17.73
(二) 城市群外存款	26.86	−4.26	−13.69

注：数据来源于中国人民银行西安分行和中国人民银行天水市、平凉市、庆阳市、运城市、临汾市中心支行。

表 3.7　2017 年关中平原城市群人民币贷款情况

来源项目名称	2017 年末余额 /亿元	2017 年比 2016 年增加 /亿元	2017 年增幅 /%
各项贷款	23 910.16	2258.95	10.43
(一) 城市群内贷款	23 895.61	2268.10	10.49
1. 住户贷款	6485.78	978.84	17.77
(1) 短期贷款	1176.31	146.38	14.21
消费贷款	383.49	188.09	96.26
经营贷款	792.82	−41.72	−5.00
(2) 定期及其他贷款	5309.46	832.47	18.59
消费贷款	4288.25	818.07	23.57
经营贷款	1021.21	14.40	1.43
2. 非金融企业与机关团体贷款	17 409.64	1289.26	8.00

续表

来源项目名称	2017 年末余额 /亿元	2017 年比 2016 年增加 /亿元	2017 年增幅 /%
(1) 短期贷款	4029.99	95.69	2.43
(2) 中长期贷款	12 410.73	1602.48	14.83
(3) 票据融资	952.79	−402.14	−29.68
(4) 融资租赁	1.45	−0.69	−32.24
(5) 各项垫款	14.70	−6.08	−29.26
3. 非银行业金融机构贷款	0.19	0	0
(二) 城市群外贷款	14.55	−9.15	−38.61

注：数据来源于中国人民银行西安分行和中国人民银行天水市、平凉市、庆阳市、运城市、临汾市中心支行。

2. 保险业发展迅猛，发展空间巨大

关中平原城市群保险业发展势头迅猛。2017 年末，关中平原城市群保险机构数量为 610 个，比年初增加 36 个，增幅 6.27%；保险网点数量为 2020 个，比年初增加 272 个，增幅 15.56%；从业人员 114 284 人，比年初增加 16 249 人，增幅 16.57%；保费赔付 218.82 亿元，比年初增加 0.57 亿元，增幅 0.26%。2017 年，保险密度从年初的 747 元增加到年末的 845 元，增幅达 13.12%；保险深度从年初的 2.42%增加至年末的 2.61%。据保监会数据，2016 年底全国保险密度为 2258 元，保险深度为 4.16%。中国的保险密度和保险深度分别仅为全球的 53%和 66%。数据表明，关中平原城市群保险业虽然发展速度较快，但与全国乃至全球平均水平依然具有较大的差距。关中平原城市群保险业具有广阔的增长空间。

3.1.5 科技条件

截至 2018 年底，关中平原城市群总共拥有两院院士 67 位，集中了近 9 万名科学家和工程师，85 万各类专业技术人员，1072 个科研院所和 53 个高等院校，3 个国家级星火技术密集区和 13 个省级星火技术密集区，民营企业 7500 多家。近年来，平均每年有 2000 多项科技成果问世，平均每万名职工中拥有自然科学技术人员 1220 人，高于全国 1044 人的平均水平，居全国第二位。关中平原城市群已建成的高新技术产业开发(示范)区主要有：国家级高新技术产业开发(示范)区 12 个，如西安高新技术产业开发区、杨凌农业高新技术产业示范区、宝鸡高新技术产业开发区、咸阳高新技术产业开发区、渭南高新技术产业开发区等；省级高新技术开发区 40 个，如铜川高新技术产业开发区、白水高新技术产业开发区等。另外，西安还有国家级经济技术开发区。已建成的国家大学科技园共有 3 个：西安交通大学国家大学科技园、西北工业大学国家大学科技园和西安电子科技大学国家大学科技园。关中平原地区已成为西北创新活动最活跃的地区，承担起亚欧大陆桥上高新技术产业研发和孵化器的功能。

3.1.6　智慧城市建设现状

在实施的国家级智慧城市试点工作中，关中平原城市群所有组成城市都已成为国家级试点城市。近年来，各城市结合自身优势建设智慧城市，着力实施"互联网+"行动，取得了一定成效。西安作为关中平原城市群的核心城市，在 2013 年被科技部确定为国家新型智慧城市试点，2015 年被评为"中国领军智慧城市"。西安依托电子信息产业优势，先后引进三星、美光、微软、中兴和华为等企业投资建设新一代信息技术产业项目；建立了物联网应用产业园、"一带一路"大数据交易平台、丝绸之路经济带新起点数据核心区；建立了公共服务网上审批平台，初步实现了相关政府部门的基础信息共享；开通了"西安发布"政务微信微博和"网民建言"等平台。咸阳是首批入选住建部国家智慧城市试点名单的城市，在智慧产业方面，电子商务快速发展，电商物流龙头企业不断聚集。在智慧政务方面，实施了"六个一"工程，即"一网通""一卡通""一点通""一格通""一号通"和"一站通"，打造综合化、全方位的便民服务体系，并率先建成 52 个"智慧社区"。宝鸡和渭南是国家第二批智慧城市试点城市。宝鸡市加快信息基础设施建设，实施了"智慧社区、智慧旅游、数字化重点镇"等智慧城市试点项目。渭南建成了全市数据共享交换平台、投资项目在线审批监管平台和政府呼叫中心。杨凌是同时获住建部、科技部支持建设的试点城市。杨凌区也是我国唯一的农业高新技术产业示范区，重点发展智慧农业，建立农业云平台，形成了一套以现代信息技术为支撑的农业科技示范与推广服务体系。

3.2　瓶 颈 分 析

3.2.1　管理体制不顺

城市群是若干个不同性质、不同类型和不同等级规模的城市基于经济的联系而组成的特定经济区域。同一个城市群可以有若干个不同的行政区、产业结构、产业布局等，这些若干的不同就有可能导致行政区或者城市之间在某些发展问题上出现明显的冲突。因此，城市群要发展，首先就要突破行政区划限制，通过市场调节机制，以中心城市为核心，实现区域资源要素在整个城市群范围内合理优化配置。关中平原城市群横跨陕西、山西、甘肃三省份，属于地域毗邻、经济相融而形成的城市群，但列入关中平原城市群的各城市地位差异较大，政治地位不平等，目前没有形成强有力的管理体制，地区之间难以达成统一共识，这势必会阻碍经济资源的自由流动以及跨地区的经济合作。如果不理顺管理体制，打破区域桎梏，将阻碍跨地区项目的落地，难以形成区域优势，影响整个城市群经济社会的发展。

3.2.2 地区发展不平衡

关中地区的城市发展不平衡问题比较严重。关中地区的发展尚处于雏形，城市规模小，仅仅是省城内部分地区的经济联合，城市数量相对较少。而且，各个城市的发展水平差距较大，西安、咸阳、杨凌发展较快，各项投资、政策、法律法规健全到位，西咸一体化也在加速建设当中；渭南、铜川这两个城市规模小，发展速度缓慢，近些年来政府投资少，市场规模小，创新能力差，基本处于停滞状态。这些经济因素、政策因素、社会因素等导致了整个关中地区差异明显，发展失衡。同时，列入关中平原城市群的三省份地区彼此之间差距也较为明显，如果不平衡各地区的发展，各城市间的发展差距将进一步扩大，无法达到共赢。

3.2.3 人才流失严重

关中地区高校众多，高素质人才资源丰富，但由于城市群内居民工资水平普遍不高，以核心城市西安为例，根据西安市统计局的数据，2018 年西安市城镇非私营单位就业人员年平均工资为 83 821 元，较经济发达城市来说相对较低，导致对人才的吸引力不高，人才流失情况较为严重。同时，由于关中平原地区传统产业转型升级较缓慢，新兴高端高技术产业又大多处于起步阶段，民营经济发展滞后，市场主体不多不大不强，对高端要素吸引能力不强，因此城市群内高校毕业生就地择业比例偏低，这对关中平原城市群建设西部创新基地非常不利。我们可以把高等学校比作一个生态系统，而且是一个具有内外共生与竞争关系、能够自我推荐与调节的人文文化的社会生态系统。在关中地区，高校云集，人才辈出，然而这些人才往往选择去经济发达城市发展，不肯留在西部，这就导致关中这个欠发达地区失去了改变自身发展状态的原动力，导致关中地区高新技术产业缺少骨干。因此，关中平原城市群要取得更进一步的发展，如何留住高层次人才为西部服务是亟待解决的问题。

3.2.4　经济总量偏小，产业结构升级制约因素比较突出

由表3.8可知，关中地区经济发展的特征如下：

1. 经济总量偏小，在区域竞争中处于不利地位

2014—2018年西安的生产总值在关中城市群中排名第一，且经济总量远远领先于城市群内其他城市。但与周边的主要大城市相比，西安市的生产总值远远落后于北京、上海、天津等城市。西安与作为各城市群核心城市的郑州、重庆、成都相比，总产值也明显落后于这些中西部省会级城市，这充分说明关中平原城市群的区域竞争力还不够强，在各城市群的新一轮发展中处于不利位置。

2. 产业结构优化演进较慢

从产业结构来看，第三产业的发展标志着现代化城市的进程。2018年，西安第一、二、三产业比例为3.10∶35.04∶61.86，为"三二一"式的产业结构，处在产业结构演进的较低层次。与经济发达的城市相比，西安第三产业占GDP比重较高，但第三产业占GDP比重仍低于北京、上海等城市，这与国际化大都市的发展定位显然不符。

3. 产业结构同构化，产业关联度小

关中平原城市群各城市的支柱产业大多是靠外来力量建立起来的，呈现出"嵌入式"的特点，自成一体，相互之间没有明确的产业分工，经济联系十分松散，产业结构整体趋同化，产业链前后关联效应不强，主导产业产品链条短，支柱产业中缺乏跨区域发展的龙头企业。

4. 缺乏整体布局及整体发展的观念和规划

各城市发展的战略目标缺乏相互协调，行政部门条块分割、行业垄断等现象时有发生，政府职能转变尚未完全到位，市场体系有待进一步健全，产业投入机制单一，民营经济发展较为缓慢，城市创新发展的机制还有待进一步强化。

表 3.8　2014—2018 年关中各市与国内重点城市
GDP 及第三产业增加值占 GDP 比重对比

城市	2014 年		2015 年		2016 年		2017 年		2018 年	
	GDP /亿元	第三产业占 GDP 比重/%	GDP /亿元	第三产业占 GDP 比重/%	GDP /亿元	第三产业占 GDP 比重/%	GDP /亿元	第三产业占 GDP 比重/%	GDP /亿元	第三产业占 GDP 比重/%
西安	5492.64	56.13	5801.20	59.55	5492.64	56.13	5801.20	59.55	8349.86	61.86
咸阳	2085.15	25.69	2152.92	27.58	2085.15	25.69	2152.92	27.58	2376.45	31.08
宝鸡	1642.90	26.17	1787.63	26.91	1642.90	26.17	1787.63	26.91	2265.16	29.48
渭南	1423.75	32.68	1430.41	36.27	1423.75	32.68	1430.41	36.27	1767.71	41.22
铜川	325.36	30.08	307.16	37.14	325.36	30.08	307.16	37.14	327.96	49.26
杨凌	97.11	37.32	105.85	41.46	97.11	37.32	105.85	41.46	150.46	39.82
北京	21 330.8	77.95	23 014.6	79.65	21 330.8	77.95	23 014.6	79.65	30 320.00	80.98
上海	23 567.7	64.82	25 123.5	67.76	23 567.7	64.82	25 123.5	67.76	32 679.87	69.90
天津	15 726.9	49.57	16 538.2	52.15	15 726.9	49.57	16 538.2	52.15	18 809.64	58.62
郑州	6777.0	46.37	7311.5	34.96	6777.0	46.37	7311.5	34.96	10 143.3	54.67
重庆	14 262.6	46.78	15 717.3	47.70	14 262.6	46.78	15 717.3	47.70	20 363.19	40.90
成都	10 056.6	51.62	10 801.2	52.81	10 056.6	51.62	10 801.2	52.81	15 342.77	54.12

注：数据来源于各省统计年鉴。

3.2.5　金融规模持续扩大，但服务效率不高

2014—2018 年，西安市金融规模持续扩大(见表 3.9)，其金融机构存、贷款余额逐年增长，与经济发展水平相对同步。但从金融服务效率看，近几年总体呈现下降趋势。从单位信贷资本的产出情况(见表 3.10)来看，西安市"GDP/贷款"自 2013 年开始呈现下降趋势，且与发展较好的一线城市、周边城市群主要城市相比，其单位信贷资本较低，说明西安信贷资本配置效率逐年下降，金融服务效率还有待提高。

表 3.9　2014—2018 年西安市金融发展规模情况　　　　　亿元

金融机构存、贷款余额	2014 年	2015 年	2016 年	2017 年	2018 年
金融机构存款余额	15 166.78	17 796.38	19 073.96	20 047.62	20 948.18
金融机构贷款余额	11 668.14	13 714.02	15 282.65	16 954.81	19 729.82

注：数据来源于各省统计年鉴。

表3.10　2014—2018年西安市及部分国内重点城市"GDP/贷款"情况

城市	2014 年	2015 年	2016 年	2017 年	2018 年
西安	0.47	0.42	0.41	0.44	0.42
北京	0.49	0.48	0.46	0.40	0.43
上海	0.49	0.47	0.46	0.45	0.45
天津	0.68	0.64	0.62	0.59	0.55
郑州	0.62	0.58	0.52	0.50	0.48
重庆	0.69	0.68	0.69	0.71	0.63
成都	0.51	0.49	0.49	0.47	0.47

注：数据来源于各省统计年鉴。

3.2.6　城镇规模偏小，等级结构不合理，城镇体系没有形成

关中平原城市群共有 12 座城市，2018 年常住人口 4449 万人。与土地面积相近的京津唐和珠江三角洲地区相比，无论城镇人口还是城镇的规模和数量都小得多。在这个城市群当中，首位城市西安的首位度高达 5.33，属于高首位分布，具有显著的单极核式结构特征。城镇化水平差异很大，咸阳、宝鸡和渭南市的城镇化率没有超过 20%，城市群发育不够完善。目前城市体系为：1 个特大城市—2 个大城市—2 个中等城市—7 个小城市。咸阳和宝鸡只是刚达到大城市的标准，各级城市规模递减不均匀，城市群中中等城市数量偏少，小城市发展滞后。这一城市群等级结构的不合理必将影响西安市对周边地区的经济辐射和带动。

3.2.7　城市建设发展缓慢，基础设施落后

由于城市规模的急剧扩大，城市设施陈旧，城市的设施处于超负荷状态，从而导致了关中地区市容环境污染严重、绿地不足、交通秩序混乱、城市用地短缺、住房紧张等一系列阻碍城市发展的社会问题。城市的基础设施和环境设施发展的缓慢，阻碍了城市现代化建设进程的加快与城市功能的快速提升，同时影响着城市其他事业的发展，削弱了西安作为西部特大型中心城市带动陕西乃至西北地区经济社会发展核心增长积极作用的充分发挥。其他的中等城市发展水平都较低，在一定程度上，很难吸收由西安扩散而来的技术和产业，难以实现规模经济效益，同时，也就无法向西安提供完善的资源及辅助产业的支持。

3.3 条件分析

3.3.1 优势分析

1. 国家政策优势

关中平原城市群是国家向西开放战略实施的关键区域，在"一带一路"建设中占有重要地位。2015 年 3 月，国家发展改革委、外交部、商务部联合发布了《推动共建丝绸之路经济带和 21 世纪海上丝绸之路的愿景与行动》，指出要发挥陕西、甘肃综合经济文化优势，打造西安内陆型改革开放新高地，支持西安建设航空港。2015 年 9 月公布的《关于在部分区域系统推进全面创新改革试验的总体方案》将西安列为全面创新改革试验区，支持西安发挥创新示范作用。2017 年 3 月，国务院批复成立中国(陕西)自由贸易试验区，旨在将自贸试验区建设成为全面改革开放试验田、内陆型改革开放新高地、"一带一路"经济合作和人文交流重要支点。在国家向西开放和推动全面创新的战略指引下，以西安为中心城市的关中平原城市群享有突出的政策优势。

2. 自然资源优势

关中平原城市群拥有独特的地理位置和气候条件，南依秦岭、东跨黄河、北靠高原、渭水中流，自古以来土地肥沃，物产富饶，特别是矿产资源富集，是不可多得的"天然宝库"。发源于庆阳的长庆油田是我国产量最高的巨型油气田；渭南是我国十大煤炭产地之一；临汾、铜川、运城、平凉等地煤炭、油页岩、石油探明储量丰足；宝鸡、咸阳、渭南、天水等地钼、金、水泥用灰岩、磷、地下水、石灰石、地热等资源丰富，颇具优势；运城盐湖镁盐产量位居全国第二；杨凌示范区农业资源富集，是著名的"农科城"；商洛中药材品种多达上千，素有"秦岭药库"之美称。

3. 区位交通优势

关中平原城市群处于全国地理中心位置，具有承东启西、连接南北的战略地位。西安是新亚欧大陆桥中国段内最大的中心城市、陇海兰新铁路沿线最大的西部中心城市、西北最大的空中交通枢纽以及中国西部最大的通信枢纽，在促进交通、物流、信息等互联互通方面发挥着重要作用。

4. 科技研发优势

关中平原城市群科教资源丰富，研发实力雄厚。西安是西北地区的科技研发重镇。2018 年，西安专利授权量 3.16 万件，处于全国较高水平。与其他国家中心城市相比，西安 2018 年的专利授权量水平位居第八，如图 3.4 所示。

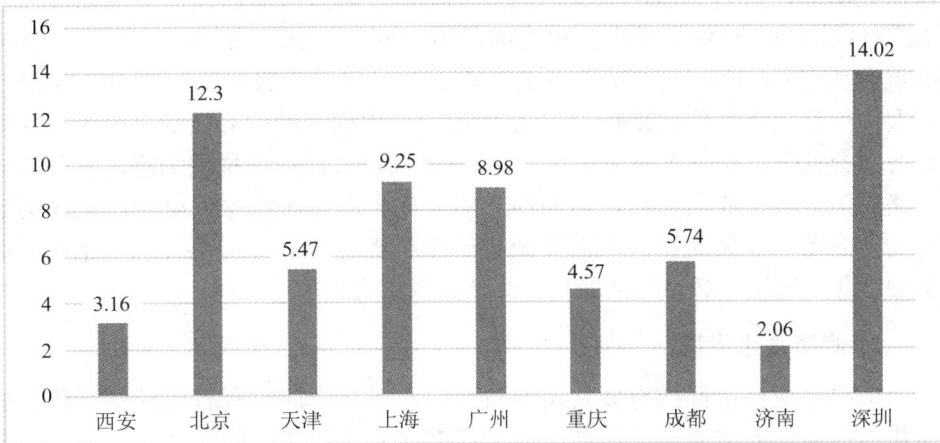

图 3.4　国家中心城市 2018 年专利授权量(万件)

(数据来源：各国家中心城市 2018 年国民经济和社会发展统计公报)

2017 年，西安 R&D 项目 39 593 项，R&D 经费支出 325.6 亿元。实施市级科技计划项目 243 项。国家级高新技术企业数 1839 家，全年技术市场交易额 809 亿元，专利申请量 81 110 件，其中，发明专利申请量 40 439 件；专利授权量 25 042 件，其中发明专利授权量 7902 件。

从"十二五"以来，西安全市科技财政累计投入 44.8 亿元，带动全社会 R&D 投入累计达 1285.89 亿元，占全市 GDP 的比重为 5.24%，占比位居副省级城市第一位。2017 年，西安 R&D 投入占 GDP 比重为 5.2%，高于全国的 2.1%及全省的 2.19%，同时远远高于西部区域中心城市重庆和成都，也高于中部区域中心城市武汉，甚至高于国家经济中心上海，与北京差距不大(见表 3.11)。

表 3.11　2017 年西安与国家、区域中心城市 R&D 投入及占 GDP 比重

城市	北京	上海	深圳	重庆	武汉	成都	西安
R&D 投入/亿元	1595.3	1139.0	926.7	350	428.8	320.0	325.6
R&D 投入占 GDP 比重/%	5.7	3.78	4.13	1.79	3.2	2.3	5.2

注：数据来源于各城市 2017 年国民经济和社会发展统计公报。

5. 金融发展优势

西部大开发、关中—天水经济区、"一带一路"和中国(陕西)自由贸易试验区等政策红利叠加释放，为关中平原城市群经济的发展提供了空前机遇，也为金融业的发展提供了巨大的空间。近年来，关中平原城市群社会融资规模持续增加，融资渠道、融资方式多元化，金融支持实体经济发展的实力和力度持续增强。以中心城市西安为例，2017 年 9 月末，金融业增加值占 GDP 比重为 12.2%，排名全国副省级城市第 2 位，仅次于深圳。2017 年，金融机构人民币存款余额首次突破 2 万亿大关，在中国金融中心指数排名中，西安金融综合竞争力居副省级城市第 8 位。特别是目前正在推进的将西安打造成丝路国际金融中心的战略，将与西安国际化大都市建设深入融合，最终构建起功能齐备、互为支撑的大西安金融产业新格局，辐射带动关中平原城市群金融产业大发展，必将为区域经济高质量发展提供有力支撑。

6. 旅游文化优势

关中平原城市群拥有秦岭黄河自然山水景观，同时具有以周秦汉唐历史文化为代表的人文要素，旅游资源丰富多元。旅游文化的天然优势为关中平原城市群打造具有世界影响力的旅游品牌奠定了良好基础，也为其建设世界级旅游目的地提供了优越条件。目前，关中平原城市群旅游业发展空间还相对较大。以西安市为例，2018 年全年接待国内外游客 24 738.75 万人次，比上年增长 36.7%；旅游业总收入 2554.81 亿元，增长 56.4%，相对于其他国家中心城市还有较大的差距。因此，依托有利的自然人文资源优势和逐步完善的交通网络，关中平原城市群的旅游文化事业存在十分广阔的发展前景。

7. 现代产业体系完备

关中平原城市群工业体系完整，产业聚集度高，是全国重要的装备制造业基地、高新技术产业基地、国防科技工业基地。航空、航天、新材料、新一代信息技术等战略性新兴产业发展迅猛，文化、旅游、物流、金融等现代服务业快速崛起，产业结构正在迈向中高端。西北唯一的自由贸易试验区和一批国家级产业园区，为现代产业发展提供了重要平台和载体。

3.3.2　劣势分析

1. 经济发展水平相对较低

相对于其他国家级城市群而言，关中平原城市群的经济发展水平不高。

城市经济发展水平较低，限制了城市经济发展对区域经济增长和协同发展的辐射带动作用。2018 年西安市与其他国家中心城市 GDP 对比情况如图 3.5 所示。可以看到，西安市 2018 年地区生产总值为 8349.86 亿元，低于其余 8 个中心城市。

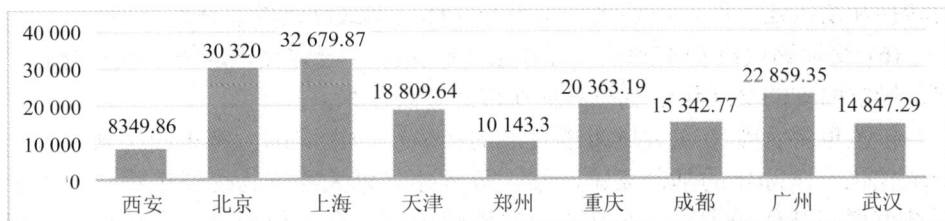

图 3.5　2018 年西安市与其他国家中心城市 GDP 对比情况

(数据来源：各国家中心城市 2018 年国民经济和社会发展统计公报)

2. 基础设施落后

以 2017 年数据为例，西安与周边核心城市的公路里程及高速公路里程如表 3.12 所示。

表 3.12　2017 年西安市与周边核心城市公路里程、高速公路里程对比表

城市	西安	成都	重庆	武汉	北京	天津	上海
公路里程/公里	13 328	26 037	140 551	1569	21 885	16 550	13 195
高速公路里程/公里	532	925	3023	634	982	1130	825

西安的公路里程及高速公路里程都处于较低水平，低于成都、北京、天津、上海和重庆，且西安流动人口较多，交通供需严重不匹配。西安不仅是陕西省的省会城市，也是西部区域国家中心城市、新丝绸之路经济带桥头堡。西安作为一座历史文化悠久又富有现代气息的准国际化大都市，新兴经济蓬勃发展，但其综合交通网与其经济的高速发展不相适应，交通运输基础设施仍然存在薄弱环节。

(1) 目前，关中平原城市群内各城市间联系主要依靠高速公路及国省干线等公路，城际交通运输方式单一，运输需求与运输能力之间的矛盾日益突出。

(2) 交通结构不合理。道路利用率高的公共交通没有充分发挥作用；占用道路面积大、载客量小的自行车及出租车、私人小汽车等非公交车辆所占比重过大，致使道路网使用效率低，造成交通堵塞严重。

(3) 随着关中城市群客运需求的大幅增长，既有和规划建设的公路和铁路将在时间和能力上难以满足城际旅客出行的需要，特别是不能满足节假日高

峰时段城际客流的需要。

(4) 西安的国际航线、航班较少，阻碍了西安发展成为国际化大都市的步伐，使得国际交流不流畅。

(5) 关中平原城市群"6+6"城市内部没有形成立体网络，内部交通工具的转换和衔接还不够，需要进一步提升立体化多式联运的总体运行效能。

(6) 交通路段维护不到位，存在很多断头路，导致交通运输系统不畅通，严重影响西安的交通运输及与其他城市的贸易往来。

借鉴世界大都市和大城市群发展的经验，一个国际大都市圈必须具备一个现代化、国际化的基础设施网络，故应建立以大西安为交通枢纽，关中平原城市群与其他城市群、东南沿海等国际大都市全方位衔接的立体化交通网络体系。

3. 创新成果转化水平低

西安市科研实力雄厚，创新资源丰富，但科技成果转化效率有待进一步提升。创新体制机制亟待完善，科研力量整合水平有待提高，军民科技资源共享程度明显较低。自 2016 年被列入全面创新改革试验城市以来，西安市相继出台了一系列推进全面创新改革试验的政策措施，取得了一定的成效，但科技成果就地转化率依然不到 30%。提高技术转移转化效率依然是西安促进技术进步和产业升级的艰巨任务。

4. 经济金融融合度有待提升

近年来，关中平原城市群经济发展势头良好，跨越发展的愿望和冲劲很强，但金融服务的能力和水平与实体经济发展需要还不够协调。

(1) 区域存量贷款与 GDP 的总量不协调。剔除中心城市西安，2018 年末其余节点城市 GDP 为 12 494.38 亿元，贷款余额 10 085.38 亿元，百元 GDP 占用贷款仅 123.95 元。

(2) 金融资源配置与经济转型升级的节奏不匹配。各节点城市主要依靠投资拉动和能源资源型产业支撑，金融资源也向这两个领域过度集中。去产能调控政策实施以来，部分过剩产能得到淘汰，但是一些过剩产能、低效率企业仍然占用着大量的金融资源，导致资金的使用效率偏低，并对其他主体资金需求形成了挤出效应。

(3) 融资缺抓手对规划实施带来挑战。关中平原城市群规划的实施需要大量的资金投入和基础设施项目储备。但目前，地方政府举债逐步规范、PPP 等融资模式推进的成效仍有待观察，地方基础设施建设可能会缺乏有效的融资手段，与此对应的金融资源的有效介入也会受到一定制约。

5. 信息化水平和平台建设还有待进一步提升

为了进一步缩小与东部经济发达地区的差距，国家不断加大对西部基础设施的投资规模，关中平原城市群交通、邮电、通信等基础产业得到较快发展。但是，关中平原城市群的固定电话用户、移动电话用户、互联网宽带接入户等占总人口的比例与成都和深圳都有较大差距。以电信业务收入为例，2017年关中平原城市群人口为4148万人，电信业务收入为5 848 582万元，同年成都人口为1605万人，而电信业务收入就达到4 517 000万元；而相关指标更是远低于深圳(具体数值见表3.13)。关中平原城市群还没有形成全覆盖、泛在的一体化信息服务平台，城市内部系统之间、部门之间及各城市之间存在信息孤岛现象。各城市信息资源开发还处于基础阶段，信息资源综合利用效率不高，信息平台服务水平有待提高。

表3.13　2017年关中平原城市群信息化水平与其他城市比较一览表

城市	固定电话年末用户数/万户	移动电话年末用户数/万户	互联网宽带接入用户数/万户	电信业务收入/万元	人口/万人
西安	273	1600	903	3 560 822	961.67
咸阳	41	431	96	808 333	437.60
宝鸡	55	332	77	609 390	378.10
渭南	65	449	107	738 228	538.29
杨凌	—	—	—	—	20.64
铜川	9	73	16	131 809	83.34
成都	590	2673	678	4 517 000	1604.50
深圳	478	2679	463	7 437 400	1252.83

注：数据来源于《中国城市统计年鉴2017》和各市2017年国民经济和社会发展统计公报。

6. 生态环境约束加强

生态环境污染问题是威胁区域经济社会可持续发展的重大因素。践行绿色发展理念，推进生态共建环境共治是关中平原城市群发展规划的重要内容。区域生态环境问题是制约区域发展战略规划目标实现的不利条件。以大气环境为例，2017年西安市PM10年平均浓度为137微克/立方米，PM2.5年平均浓度为71微克/立方米。总体来看，空气质量明显差于上海、广州、重庆和武汉等城市(具体数值见表3.14)。可见，保护生态环境是关中平原城市群建设的巨大挑战，也是实现追赶超越目标的硬任务和大前提。

表 3.14 各国家中心城市 2017 年 PM2.5 和 PM10 年平均浓度

城市	西安	北京	天津	上海	广州	重庆	成都	武汉	郑州
PM2.5 浓度 /($\mu g/m^3$)	71	73	69	45	36	54	—	57	73
PM10 浓度 /($\mu g/m^3$)	137	92	103	59	56	77	—	92	128

注：数据来源于各国家中心城市 2017 年环境状况公报；未取得成都市的相应数据。

7. 旅游资源丰富，但品牌形象和服务设施亟待提升

关中平原城市群南依秦岭，东跨黄河，西到天水，北接黄土高原，具有独特的地貌特征，中华人文始祖(伏羲、炎帝等)遗迹、周秦汉唐文化等承载着中华民族的历史荣耀和厚重记忆。以西安、咸阳、天水、运城等为代表的城市历史悠久，拥有大量珍贵的历史文化遗产。区域内各城市间文化同源、民俗相近、经济交流合作密切，其中大部分的旅游资源具有稀缺性特点。西安是华夏文明的重要发祥地，是古丝绸之路的起点，也是世界四大文明古都之一，西安也必将成为传播中华文化的排头兵。当然，目前关中平原城市群仍相对缺乏被全球认可的知名旅游品牌，也缺少一流的服务设施。打造世界级旅游目的地首先需要精细化服务，即为顾客提供亲和特色服务，从而使游客获得便捷、愉快、独特的旅游体验，如便捷的交通和签证服务。还需要标准化服务，旅游虽然很强调个性化，但是个性化的服务都是建立在产品标准化、服务标准化、管理规范化的基础之上的，所以标准化是基础。要求要有与世界级旅游目的地匹配的设施，开放、包容、高效、活泼的人文环境和天蓝地绿、水体清澈、园林景观(园林雅致、景观优美)、环境友好的生态环境。

3.3.3 机遇分析

1. 关中平原城市群发展规划的机遇

国家发展改革委原则同意《关中平原城市群发展规划》，国务院有关部门将按照职能分工，研究制定支持关中平原城市群发展的具体政策措施，在有关规划编制、体制创新、重大项目建设、优化行政区划设置等方面给予积极支持。关中平原城市群应借此机遇，提升创新发展能力，加快产业结构升级，改善居民和经济集聚水平，拓展发展空间，推动"一带一路"建设，充分发挥关中平原城市群在西北地区的引领作用。

2. 城市更新的新机遇

城市更新是中国城市发展走向内涵式、集约式、精明增长的重要方式之一。关于我国城市未来的发展，在 2015 年召开的中央城市工作会议上，中央就提出中国城市的发展要坚持集约发展，树立"精明增长""紧凑城市"理念，科学划定城市开发边界，推动城市发展由外延扩张式向内涵提升式转变，防止"摊大饼"式扩张。通过城市更新，中心城市按经济规律置换和升级产业结构，盘活存量资产，提高城市内土地、建筑、基础设施等存量资产的产出效率，与周边城市形成有机产业集群，逐步形成都市圈。中心城市将发展模式从扩张转向更新，可以在减少基础设施投资的情况下，升级产业结构，引入先进的、有发展前途的制造业和现代服务业，由过去的支持传统产业和消费空间向吸引人才的新空间转变。关中平原城市群应抓住此机遇，提升城市功能，改善城市人居环境，通过城市与产业的同步更新，探索出一条内涵提升式的高质量发展途径。

3. "5G""新基建"热潮下的发展新机遇

国家已将 5G 纳入信息基础设施战略规划，同时在 2018 年 12 月 19 日至 21 日召开的中央经济工作会议上首次提出"新基建"，指出"我国发展现阶段投资需求潜力仍然巨大，要发挥投资关键作用，加大制造业技术改造和设备更新，加快 5G 商用步伐，加强人工智能、工业互联网、物联网等新型基础设施建设，加大城际交通、物流、市政基础设施等投资力度，补齐农村基础设施和公共服务设施建设短板，加强自然灾害防治能力建设"。2020 年 2 月 14 日，中央全面深化改革委员会第十二次会议指出，"基础设施是经济社会发展的重要支撑，要以整体优化、协同融合为导向，统筹存量和增量、传统和新型基础设施发展，打造集约高效、经济适用、智能绿色、安全可靠的现代化基础设施体系。"因此，关中平原城市群的建设，要充分发挥新基建城市效应，推动高质量发展。

4. 数字化转型全面促进传统产业升级的机遇

党中央明确提出，坚定不移建设制造强国、质量强国、网络强国、数字中国，推动互联网、大数据、人工智能和实体经济的深度融合，抢抓新一轮工业革命机遇，围绕核心标准、技术、平台加速布局产业互联网，构建数字驱动的产业新生态。通过数字化转型驱动管理提升，利用新技术和商业模式进行创新，使数字化转型从局部规划和设计向全局规划和顶层设计转变。当前，我国正处于从网络大国迈向网络强国，成为全球互联网发展引领者的关键窗口期，也是数字技术与经济社会深度融合、传统产业数字化的转型升级期。以西安为中心的关中平原城市群应抓住此机遇，加快"互联网+产业化升级"，紧密联系市场主体、实现社会资源共享、降低生产交易成本，有效地提升传统生产要素的使用效能，促使信息化与工业化进行深度的交融，加速传统产业的全面转型升级。

5. 党的十九大带来发展新机遇

党的十九大胜利召开，为关中平原城市群的建设和发展提供了重要的历史契机。推进"一带一路"建设使关中平原城市群进入向西开放的前沿位置，为其发挥历史、人文、产业等综合比较优势，深度参与国际经贸、人文交流和国际合作提供了历史性机遇。实施区域协调发展战略和推进新型城镇化建设，为关中平原城市群发挥政策效应、促进各类城市协同发展、培育区域新增长极，提供了强大动力。大力实施创新驱动发展战略、军民融合发展战略，为关中平原城市群激活创新要素，加快协同创新，推动产业转型升级，培育经济发展新动能提供了有力支撑。

6. 促进双循环形成的新机遇

2020年7月21日，习近平总书记在企业家座谈会上强调，我们必须集中力量办好自己的事，充分发挥国内超大规模市场优势，逐步形成以国内大循环为主体、国内国际双循环相互促进的新发展格局，提升产业链供应链现代化水平，大力推动科技创新，加快关键核心技术攻关，打造未来发展新优势。中国共产党第十九届中央委员会第五次全体会议指出，当前经济形势仍然复杂严峻，不稳定性不确定性较大，我们遇到的很多问题是中长期的，必须从持久战的角度加以认识，加快形成以国内大循环为主体、国内国际双循环相互促进的新发展格局，建立疫情防控和经济社会发展工作中长期协调机制，坚持结构调整的战略方向，更多依靠科技创新，完善宏观调控跨周期设计和调节，实现稳增长和防风险长期均衡。关中平原城市群更应在此过程中，提升自身竞争力，助力双循环对接，激发市场活力，促进经济发展。

3.3.4 威胁分析

1. 疫情影响全球经济发展前景

2020年6月2日，博鳌亚洲论坛发布《疫情与变化的世界》专题研究报告。报告认为，新冠肺炎疫情是百年来最严重的传染性疾病之一，是冷战结束以来最严重的突发性全球危机，疫情对世界经济的冲击超过2008年国际金融危机，影响全球经济发展与安全态势，将加速国际关系和国际秩序演变，对全球治理体系改革提出了新要求，推动全球化进程深入调整。世界银行2020年6月期《全球经济展望》报告认为，受新冠疫情冲击，预计2020年全球经济将下滑5.2%，这将是二战以来最严重的经济衰退。疫情冲击了人类健康、经济增长、社会发展、国家安全和国际关系等方方面面，是一场综合性挑战，而如何在后疫情时期进行深入调整，持续经济发展，促进区域经济社会一体化发展，是关中平原城市群面临的难题。

2. 传统产业转型面临能源资源以及发展环境的制约

关中平原城市群长期以来形成的传统产业发展模式主要表现为高能耗、高污染、高排放、技术落后、产品不能满足市场需要、现代高新技术应用严重不足以及经济的粗放型增长，产业体系的建立和调整主要通过政府的计划和投资来决定，经济增长更多的是依赖投资拉动来实现。以西安市为例，其产业不大不强，产业投资规模偏小，经济发展的内生性动力还不强，非公有制经济发展缓慢，占比过小，对整个社会经济发展的拉动和贡献率偏低。此外，随着能源资源的过度开发，西安市的资源环境刚性约束将进一步加剧。水资源和能源资源目前已经面临供应不足的问题，也就很难保证未来产业进一步发展所要增加的能源资源供应。同时，生态建设和环境保护任务十分繁重，加大了西安市调整经济结构、优化升级产业结构、实现协调发展的难度。

3. 发达地区对中西部形成发展的倒逼态势

沿海发达地区应对国外市场需求萎缩，大力开拓内需市场，在新一轮产业结构优化升级中抢占先机，对中西部地区的发展造成一定的挤压。重大项目储备不足和新上项目审批困难并存，土地、信贷、环保等支撑要素更加从严，风险投资力不足和中小企业贷款难，都会在不同程度影响西安承接东部乃至国际产业转移的机会和能力。目前，全国各地均把产业发展摆在重点位置优先发展，区域间资源要素的争夺和产业竞争态势十分严峻，从而对于不沿边、不沿海、不沿江的关中平原地带在吸纳聚集人才、资金、项目等产业资源上带来挑战。

4. 科技成果转化率较低的挑战

关中平原城市群内高校众多，截至2018年底，有科研机构1000多家，科技工作者超过50万，每年的新技术及发明专利众多，但成果转化效率低下，主要原因是城市群协同创新机制不健全，各类科研机构力量未能有效整合，军民科技资源共享程度不够，科技成果转化的市场机制缺乏、产业效益不高和政府管理不力，科技与经济、成果与产业对接不畅，科技成果就地转化率不到 30%。从企业内部来说，企业尚未成为技术创新的主体，创新创业服务体系不完善，其创新能力远不能适应日益激烈的国内外市场的竞争要求。现代社会所要求的以企业自身的技术创新能力为基础，在市场引导下追求利润最大化的良性机制尚未形成。政府抓科技的行政部门条块分割、力量分散，不能很好地组织起社会上的科技力量，影响了整体合力的发挥及重大科技成果向现实生产力的转化。由于缺乏一整套转化机制，关中平原城市群的许多科技资源优势得不到很好的发挥。

关中平原城市群经济社会高质量一体化发展的实证分析

4.1 评价指标体系构建

通过对指标体系进行分析，可以准确度量关中平原城市群区域协调发展的各个方面和总体情况，实时监测关中平原城市群经济社会一体化的发展进程，评估相关政策的有效性和正确性，并能及时加以调整及改进，使决策者准确地把握其总体态势和未来发展趋势，从而提高政策的有效性和精准性。

关中平原城市群区域经济协调发展是一个多目标、多层次、多因素的复杂社会经济系统，涉及经济发展、社会进步、生态环境等多个方面。本章内容从系统理论的视角出发，以归纳与演绎、分析与综合、定性与定量分析相结合作为基本的研究方法。

首先，根据现有的构建指标体系的方法，综合考虑区域可持续发展和系统研究等理论，以此为基础构建了关中平原城市群区域经济协调发展指标体系的基本框架，然后逐步细化、分层，最终形成了关中平原城市群经济社会一体化的综合评价指标体系。

其次，确定评价模型与计算方法，在综合比较现代综合评价方法之后，选取适合本次研究的评价模型与计算方法。

最后，进行实证研究：搜集关中平原城市群地区的相关数据资料，运用上述确定的综合评价指标体系和模型进行定量分析，得出研究结论。

4.1.1 构建原则

1. 系统整体性原则

区域系统是一个复杂的巨系统，结构层次和组成因素颇多，各子系统存在密切的关联性。在区域系统中，经济系统、社会系统、环境系统等各个子系统之间相互影响，而子系统中各个指标之间关系更为紧密。因此，要使构建的评价指标体系能够较好地反映关中平原城市群经济社会一体化协调发展进程，不仅需要将与关中平原城市群经济社会一体化协调发展有关的内容充分体现在指标体系中，还需要使评价目标和评价指标有机联系起来，形成一个层次分明、相互支撑、相互依存的整体。

2. 简明科学性原则

在选取指标的过程中，要控制指标的数量，尽量选取那些概括性强、代表信息量大的指标。在相对完备和强调指标间有机联系的同时，要降低信息的冗余度，避免指标元素之间的重复与交叉，指标体系要全面但不可包罗万象。

3. 动态引导性原则

关中平原城市群经济社会一体化协调发展，既是一个目标，又是一个过程。因此，所构建的评价指标体系应充分反映关中平原城市群经济社会一体化系统动态变化的特点，体现出系统的发展趋势，使指标体系一方面能反映关中平原城市群经济社会一体化系统发展状态的空间动态，另一方面能在时间尺度上刻画关中平原城市群经济社会一体化协调发展的能力强弱，通过它实现对关中平原城市群经济社会一体化系统运行情况进行监测、描述、预警，以引导区域沿着预定的目标协调发展。

4. 标准通用性原则

指标体系的建立必须要追求标准的统一，这样才能使各指标能够在同一基础上进行对比分析。标准通用性的指标不但有利于数据的收集和加工处理，而且也有利于实际的推广及应用。

因此，本次关中平原城市群经济社会一体化指标体系在选取指标时充分考虑了指标量化和数据获取的难易程度，选取了来源稳定、统计规范的指标数据。这些数据大多是统计部门现有的公开资料，有利于指标体系的运用，降低系统误差。

5. 相对稳定性原则

关中平原城市群经济社会一体化协调发展指标体系中的指标个数、类型及其含义在一定的时期内应具有相对稳定性，才能便于比较和分析关中平原城市群经济社会一体化协调发展的动态过程，更好地预测其未来的发展趋势。

需要说明的是，在对关中平原城市群经济社会一体化协调发展指标体系的研究和设计过程中，除了严格遵循上述原则外，还应注意建立各种指标体系时会经常遇到的一些一般性问题，如科学基础问题、政策的时滞问题、风险与不确定性问题、完善性与社会需求性的折中问题等，如何解决和处理好这些问题，应该认真考虑和慎重对待。

4.1.2 构建方法

现有的指标选取的方法一般有三种：因果法、复合法和目标层次分类展开法。本书拟采用目标层次分类展开法，结合研究目的和任务，借鉴前人的研究经验，兼顾指标选取的全面性与代表性，最终建立一个具有实际意义的关中平原城市群经济社会一体化发展评价指标体系。

关中平原城市群区域一体化协调发展首先是经济的协调发展，经济系统是区域经济协调发展系统的核心；社会系统具有生产一定素质的人力和群体的功能，为其他子系统的发展提供导向、智力、技术和组织支持，制约着其他物质形态要素作用的有效发挥，对关中平原城市群区域经济的发展起着重要的促进作用；环境系统为关中平原城市群区域经济发展提供资源和环境支持，也是影响经济发展的终极因素，因为从本质上讲，一切发展都是资源的物质交换。

根据目标层次分类展开法的逻辑原理，首先要清晰地认识到关中平原城市群一体化发展的总体目标是实现关中平原城市群经济、社会及环境一体化融合发展。关中平原城市群一体化系统按逻辑分类可划分为经济、社会、环境系统，各子系统包含的指标如图 4.1 所示。

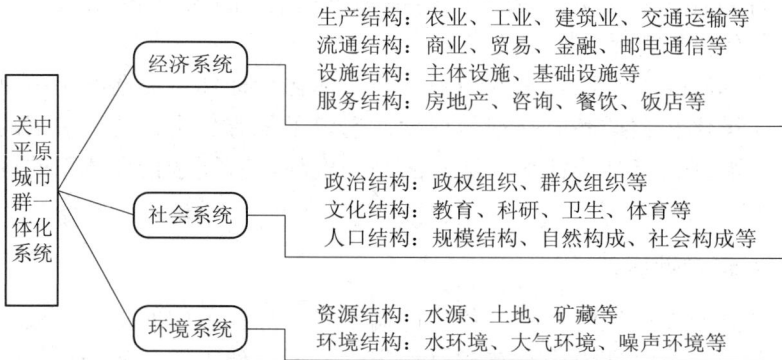

图 4.1　关中平原城市群一体化系统

由此可以看出，经济系统、社会系统和环境系统这三者之间存在着十分密切的互动关系，若三者之间能够相互促进、相互协调并互为补充，关中平原城市群区域经济将持续健康发展；如果三者之间关系失调，相互制约并阻碍其他子系统的常态运行，关中平原城市群区域经济将为不协调发展。因此，仅选取任何一个子系统指标，都难以系统地反映关中平原城市群区域经济的协调发展状况，需要以经济、社会、环境三个方面来构建指标体系，才能科学、合理、全面地反映出关中平原城市群经济社会一体化的协调发展程度。

根据上述分析，我们将依据区域经济协调发展理论，将指标体系分为三大类，按照经济发展系统—社会发展系统—生态环境支持系统的思路构建评价指标体系框架。在此框架下，结合现有的区域经济协调发展指标体系及其他相关的指标体系，选择那些频度较高、同时能表征区域经济协调发展重要特征的指标，适时根据具体情况进行发展和创新，来构建本书研究的指标体系。

4.1.3　体系建立

基于层次分析法的原理，依照上述指标体系的框架和各组成成分之间的相互关系，构建多层次、多指标的综合评价指标体系，总体上将关中平原城市群经济社会一体化协调发展评价指标体系归纳为如下层次结构体系：

1. 目标层

评价指标体系以"关中平原城市群经济社会一体化协调发展水平"作为总目标层，以综合表征关中平原城市群经济社会一体化总体协调发展态势。

2. 准则层

准则层主要以经济发展系统状态、社会发展系统状态、生态环境系统状态作为评判依据，它们是影响关中平原城市群经济社会一体化协调发展的主要因素。

经济系统中的评价指标主要是从衡量经济发展水平这个总量指标出发来选取的，其中经济结构、经济效益是对经济发展概念的必要补充，因此也是衡量经济协调发展的重要指标。

社会发展系统状态指标对经济的发展起着重要的制约和促进作用，属于智力和精神状态的软要素。本章将着重从人口发展水平、基础设施水平、科教水平三个方面来选取指标。

一个国家或地区经济发展潜力的具体体现是资源环境，资源环境也是经济、社会发展的前提和基础。环境发展子准则层的设置，着重反映该地区的资源水平、地区经济发展过程中对资源的利用效率等问题，而且也试图反映人类经济活动对周围环境的影响，以及人类在污染治理和资源环境保护方面的努力。由于针对环境的统计数据相对缺乏，因而本次指标体系只选取了少量具有代表性的指标。

3. 指标层

指标层由可以直接度量的指标构成，例如人均 GDP、人均耕地面积等基本指标。根据各个层次的特征和意义，这里构建了以下关中平原城市群经济社会一体化协调发展的具体指标体系(见表 4.1)。

表 4.1　关中平原城市群经济社会一体化协调发展指标体系

目标层	准则层	子准则层	指 标 层
关中平原城市群经济社会一体化协调发展水平	经济系统	经济水平指标	人均地区生产总值、GDP 增长率、人均固定资产投资、人均社会消费品零售总额、人均年末储蓄存款余额、城镇居民年人均可支配收入、农村居民人均可支配收入、人均地方财政收入
		经济结构指标	第一产业占 GDP 比重、第二产业占 GDP 比重、第三产业占 GDP 比重
		经济效益指标	规模以上工业总产值
	社会系统	人口发展指标	人口自然增长率、城乡居民人均收入差异、每万人拥有医院床位数
		科教水平指标	教文卫支出占财政支出比重、每万人拥有高校学生数、每万人拥有公共图书馆藏书、万人专业技术人员数
		基础设施水平	每公顷耕地农业机械总动力、人均邮电业务总量、全年用电电量、信息化综合指数
	环境系统	资源利用指标	人均可耕地面积、单位 GDP 能耗
		环境发展指标	人均公共绿地面积、建成区绿化覆盖率、环保与治理投资占 GDP 比例、单位 GDP 的三废排放量、"三废"综合治理达标率

这一指标体系具有如下显著特点：

(1) 涵盖面广、综合性强。关中平原城市群经济社会一体化协调发展指标体系的构建与区域经济协调发展目标直接相关，因此这一指标体系涉及人口、资源、环境、教育、科技、基础设施等诸多领域，综合性较强。

(2) 在关中平原城市群经济社会一体化协调发展指标体系中，着力突出了经济发展子系统的作用，在其指标层中突出经济运行质量指标和经济结构指标。在社会发展子系统中突出与经济发展紧密相关的科技教育指标和基础设施水平指标。

(3) 关中平原城市群经济社会一体化指标体系注重运用综合性指标和相对性指标，如 GDP 增长率、各产业分别占 GDP 比重等，这些指标分别是由若干指标复合而成的，易于辨识和量化，可比、可测和可操作性强，同时大幅增加了指标所含的信息量。

(4) 该指标体系的一致性相对稳定，易于推广。依据该指标体系可以对同一区域的不同时期，以及不同区域同一时期的区域经济协调发展状况进行评价分析。

(5) 本次分析由于有些指标数据无法可靠取得，因此这些指标未纳入此次分析范围，应在数据能可靠取得时纳入分析范围。

4.2　地区发展水平测度

主成分分析方法(PCA)是最常用的综合评价分析方法之一。主成分分析方法也被称为主分量分析，是多元统计分析中一种重要的方法。通过对多个指标的线性组合，能将众多的具有错综复杂相关关系的一系列指标归结为少数几个综合指标(主成分)，既能使各主成分相互独立，舍去重叠的信息，又能更集中更典型地表明研究对象的特征，还能避免大量的重复工作。本次水平测度选取关中平原城市群包含的西安、铜川、宝鸡、咸阳、渭南、商洛、杨凌示范区、天水、平凉、庆阳、运城、临汾这 12 个城市(区)2017 年的经济数据进行分析，统计数据均来自各省统计年鉴和各地统计公报。通过提取经济系统、社会系统、环境系统各自的主成分，分别计算出其各部分权重，最终根据综合表达式数值对各个城市的得分按由高到低的顺序进行了排名，这样就可以对各市区域经济协调发展水平进行全面、系统的综合评价，进而可以了解关中平原城市群地区区域经济协调发展情况。

4.2.1　数据收集及预处理

通过查阅各省统计年鉴以及各市区统计公报，部分复合指标根据官网中复合指标给出的公式算得；有部分数据因地区统计差异过大未进行统计分析，例如工业成本费用利润率、单位 GDP 能耗等。为了使实证过程更简洁，这里我们用 X_1 代表人均地区生产总值(元)，X_2 代表 GDP 增长率(%)，X_3 代表人均固定资产投资(万元)，X_4 代表人均社会消费品零售总额(元)，X_5 代表人均年末储蓄存款余额(元)，X_6 代表城镇居民人均可支配收入(元)，X_7 代表农村居民人均可支配收入(元)，X_8 代表人均地方财政收入(元)，X_9 代表第一产业占 GDP 比重(%)，X_{10} 代表第二产业占 GDP 比重(%)，X_{11} 代表第三产业占 GDP 比重(%)，X_{12} 代表规模以上工业总产值(亿元)，Y_1 代表人口自然增长率(‰)，Y_2 代表城乡居民人均收入差异(元)，Y_3 代表每万人拥有医院床位数(张)，Y_4 代表每万人拥有公共图书馆藏书(册)，Y_5 代表每公顷耕地农业机械总动力(千瓦)，Y_6 代表人均邮电业务总量(元)，Y_7 代表移动电话年末用户数(万户)，Z_1 代表人均公共绿地面积(平方米)，Z_2 代表建成区绿化覆盖率(%)，Z_3 代表工业固体废弃物综合利用率(%)，Z_4 代表人均耕地面积(公顷)，Z_5 代表 PM10 平均浓度(微克/立方米)。

通过数据的搜集整理，得到原始数据表，并进行标准化、无量纲化处理之后，得到关中平原城市群区域经济协调发展指标均值化数据表(见表 4.2)。

表 4.2　关中平原城市群区域经济协调发展指标均值化数据表

城市	西安	铜川	宝鸡	咸阳	渭南	商洛	杨凌示范区	天水	平凉	庆阳	运城	临汾
X_1	2.08	(0.16)	0.77	0.56	(0.75)	(0.65)	1.23	(0.70)	(0.93)	0.40	(1.05)	(0.79)
X_2	0.47	(0.29)	0.80	0.04	(0.06)	1.13	1.18	0.61	0.04	(0.20)	(1.72)	(2.00)
X_3	0.39	(0.00)	1.57	1.03	(0.32)	(0.50)	1.66	(1.34)	(0.82)	0.16	(0.99)	(0.84)
X_4	2.81	0.27	0.53	0.07	(0.22)	(0.54)	(0.46)	(0.69)	(0.92)	(0.94)	0.02	0.06
X_5	2.79	0.17	0.20	(0.21)	(0.52)	(0.67)	0.90	(0.72)	(0.69)	(0.44)	(0.58)	(0.22)
X_6	1.68	(0.15)	0.79	0.78	(0.18)	(0.64)	1.65	(1.28)	(1.10)	(0.68)	(0.60)	(0.27)
X_7	1.94	(0.15)	0.15	0.22	(0.17)	(0.55)	1.85	(1.23)	(1.04)	(0.87)	(0.19)	0.05
X_8	2.72	0.08	(0.22)	(0.42)	(0.65)	(0.71)	1.21	(0.63)	(0.63)	(0.27)	(0.22)	(0.26)
X_9	(1.41)	(0.79)	(0.61)	0.25	0.35	0.17	(0.99)	0.64	2.34	0.23	0.56	(0.74)
X_{10}	(0.93)	0.50	1.57	1.08	0.04	0.63	0.65	(1.18)	(1.83)	0.19	(0.81)	0.08
X_{11}	2.03	(0.06)	(1.44)	(1.44)	(0.28)	(0.85)	(0.10)	0.95	0.58	(0.38)	0.58	0.40
X_{12}	2.10	(0.62)	0.95	1.35	0.43	(0.37)	(0.88)	(0.81)	(0.97)	(0.86)	(0.15)	(0.17)
Y_1	1.00	(1.06)	(1.11)	(0.63)	(1.21)	(1.11)	0.09	1.02	0.94	1.51	0.56	0.01
Y_2	1.04	(0.14)	1.54	1.41	(0.16)	(0.65)	1.09	(1.12)	(0.99)	(0.29)	(1.07)	(0.66)
Y_3	0.81	1.11	0.86	0.55	0.09	0.20	0.86	(1.44)	(1.54)	(1.64)	0.35	(0.21)
Y_4	(0.51)	2.60	0.72	(0.01)	(0.86)	(0.17)	(1.47)	(0.32)	0.45	0.18	(0.30)	(0.30)
Y_5	1.17	(0.52)	0.21	0.15	1.06	(0.46)	2.18	(0.82)	(1.04)	(0.98)	(0.34)	(0.61)
Y_6	1.93	2.01	(0.14)	(0.08)	(0.28)	(0.50)	0.49	(0.92)	(0.91)	(0.82)	(0.42)	(0.35)
Y_7	2.95	(0.79)	(0.16)	0.11	0.15	(0.58)	(0.71)	(0.35)	(0.56)	(0.48)	0.27	0.14
Z_1	0.16	0.14	0.33	1.45	0.49	(1.63)	1.22	(0.58)	(1.15)	(1.47)	0.57	0.46
Z_2	1.97	0.20	1.26	0.08	(0.34)	(0.94)	0.69	0.04	(0.49)	(1.83)	(0.65)	0.03
Z_3	0.72	1.23	(1.18)	0.22	0.07	(1.21)	1.27	(0.70)	0.37	1.28	(1.04)	(1.04)
Z_4	(1.26)	(0.29)	(0.29)	(0.48)	(0.10)	(0.68)	(1.26)	0.29	1.64	2.03	0.10	0.29
Z_5	0.73	(0.21)	(0.68)	1.67	1.20	(1.15)	0.26	(0.89)	(0.81)	(1.40)	0.39	0.90

注：表中带括号的数值为负值。

4.2.2 主成分分析与评价

应用 SPSS 18.0 软件的主成分分析方法，对关中平原城市群 12 个市(区)各个指标的均值化数据进行处理，得到了各准则层的主成分特征值、特征向量、贡献率和累计贡献率(见表 4.3)。

表 4.3 各指标系统主成分提取及其权重

准则层	主成分	主成分特征值	贡献率/%	累计贡献率/%	主成分权重
经济系统	1	6.817	56.810	56.810	0.642
	2	2.702	22.520	79.330	0.254
	3	1.107	9.221	**88.551**	0.104
社会系统	1	3.201	45.725	45.725	0.527
	2	1.725	24.648	70.373	0.284
	3	1.144	16.350	**86.723**	0.189
环境系统	1	2.767	55.338	55.338	0.729
	2	1.028	20.566	**75.903**	0.271

由表 4.3 可知，在经济指标系统中，前面三个主成分的累计贡献率已达 88.551%，即保留了原始指标近 90%的信息，具有显著代表性。同样，社会系统的前三个主成分累计贡献率大于 85%，环境系统前两个主成分累计贡献率大于 75%，也具有显著性。通过进一步分析和计算，我们可以得到各系统的特征向量(见表 4.4、表 4.5 和表 4.6)。

表 4.4 经济系统成分得分系数矩阵

经济系统(F_e)	成 分		
	1	2	3
Zscores: X_1	0.136	−0.036	0.206
Zscore: X_2	0.048	−0.142	0.686
Zscore: X_3	0.106	−0.229	0.123
Zscore: X_4	0.119	0.145	−0.256
Zscore: X_5	0.137	0.118	0.088
Zscore: X_6	0.140	−0.065	0.001
Zscore: X_7	0.136	0.023	0.004
Zscore: X_8	0.129	0.151	0.149
Zscore: X_9	−0.117	0.033	0.244
Zscore: X_{10}	0.050	−0.323	−0.261
Zscore: X_{11}	0.020	0.358	0.143
Zscore: X_{12}	0.101	0.016	−0.363

表4.5　社会系统成分得分系数矩阵

社会系统(F_c)	成　分		
	1	2	3
Zscore: Y_1	−0.152	0.363	0.424
Zscore: Y_2	0.253	0.035	−0.099
Zscore: Y_3	0.285	−0.154	−0.052
Zscore: Y_4	−0.021	−0.501	0.404
Zscore: Y_5	0.254	0.236	−0.267
Zscore: Y_6	0.241	−0.112	0.455
Zscore: Y_7	0.145	0.322	0.490

表4.6　环境系统成分得分系数矩阵

环境系统(F_v)	成　分	
	1	2
Zscore: Z_1	0.325	0.125
Zscore: Z_2	0.282	−0.104
Zscore: Z_3	0.012	0.942
Zscore: Z_4	−0.298	0.205
Zscore: Z_5	0.296	0.129

由此，按照公式计算各城市(区)各系统的主成分表达式，分别以 F_{e1}、F_{e2}、F_{e3} 代表经济系统的三个主成分；以 F_{c1}、F_{c2}、F_{c3} 代表社会系统的三个主成分；以 F_{v1}、F_{v2} 代表环境系统的两个主成分，分别得到它们的表达式：

$$F_{e1} = 0.136X_1 + 0.048X_2 + 0.106X_3 + 0.119X_4 + 0.137X_5 + 0.140X_6 + 0.136X_7 + 0.129X_8 − 0.117X_9 + 0.050X_{10} + 0.020X_{11} + 0.101X_{12}$$

$$F_{e2} = −0.036X_1 − 0.142X_2 − 0.229X_3 + 0.145X_4 + 0.118X_5 − 0.065X_6 + 0.023X_7 + 0.151X_8 + 0.033X_9 − 0.323X_{10} + 0.358X_{11} + 0.016X_{12}$$

$$F_{e3} = 0.206X_1 + 0.686X_2 + 0.123X_3 - 0.256X_4 + 0.088X_5 + 0.001X_6 + 0.004X_7 + 0.149X_8 + 0.244X_9 - 0.261X_{10} + 0.143X_{11} - 0.363X_{12}$$

$$F_{c1} = -0.152Y_1 + 0.253Y_2 + 0.285Y_3 - 0.021Y_4 + 0.0254Y_5 + 0.241Y_6 + 0.145Y_7$$

$$F_{c2} = 0.363Y_1 + 0.035Y_2 - 0.154Y_3 - 0.501Y_4 + 0.236Y_5 - 0.112Y_6 + 0.322Y_7$$

$$F_{c3} = 0.424Y_1 - 0.099Y_2 - 0.052Y_3 + 0.404Y_4 - 0.267Y_5 + 0.455Y_6 + 0.490Y_7$$

$$F_{v1} = 0.325Z_1 + 0.282Z_2 + 0.012Z_3 - 0.298Z_4 + 0.296Z_5$$

$$F_{v2} = 0.125Z_1 - 0.104Z_2 + 0.942Z_3 + 0.205Z_4 + 0.129Z_5$$

再利用这些主成分各自的方差贡献率，将它们加权合成关中平原城市群各地市经济协调发展各子系统评价表达式：

$$M_e = 0.642F_{e1} + 0.254F_{e2} + 0.104F_{e3}$$

$$M_c = 0.527F_{c1} + 0.284F_{c2} + 0.189F_{c3}$$

$$M_v = 0.729F_{v1} + 0.271F_{v2}$$

运用均方差公式计算得到三个系统的权重分别为 0.639、0.204、0.157，得出综合评价表达式为

$$Q = 0.639M_e + 0.204M_c + 0.157M_v$$

代入表 4.2 中的均值化数据，进而可以计算出各城市(区)的各子系统协调发展状况和区域经济协调发展水平综合评价值 Q。根据综合评价值 Q 的大小，我们对关中平原城市群 12 个市(区)的得分由大到小进行排序，就可以得出对各地区域经济协调发展水平的综合评价结果，从而了解关中平原城市群地区区域经济协调发展情况(见表 4.7)。

表 4.7 关中平原城市群各城市系统得分及排名

序号	城市(区)	经济系统		社会系统		环境系统		综合	
		得分	排名	得分	排名	得分	排名	得分	排名
1	西安	1.956	1	1.642	1	0.972	2	1.738	1
2	铜川	−0.038	4	−0.140	7	0.392	5	0.009	5
3	宝鸡	0.039	3	0.070	5	−0.121	7	0.020	4
4	咸阳	−0.142	5	0.200	3	0.962	3	0.101	3
5	渭南	−0.327	8	0.077	4	0.407	4	−0.129	6
6	商洛	−0.497	12	−0.476	10	−1.106	12	−0.588	12
7	杨凌示范区	0.725	2	0.573	2	1.057	1	0.746	2
8	天水	−0.354	9	−0.528	11	−0.604	9	−0.429	9
9	平凉	−0.459	11	−0.674	12	−0.768	10	−0.551	11
10	庆阳	−0.371	10	−0.473	9	−1.066	11	−0.501	10
11	运城	−0.300	7	−0.076	6	−0.155	8	−0.232	8
12	临汾	−0.237	6	−0.197	8	0.032	6	−0.187	7

由表 4.7 得出结果，关中平原城市群经济总体发展水平排序如下：西安、杨凌示范区、咸阳、宝鸡、铜川、渭南、临汾、运城、天水、庆阳、平凉、商洛。根据在评价过程中得到的各城市(区)各子系统的评价值可以得到如下分析结果：

1) 经济系统

经济系统的权重最大，说明经济发展水平是影响区域经济协调发展水平的最主要因素。由经济子系统综合评价值及其排名情况可以看到，12 个市(区)的经济发展水平分类和协调发展水平分类大致相近。

2) 社会系统

区域的社会发展状况也是区域经济协调发展水平的一个主要因素。根据社会发展水平分类排名来看，其分类结果和综合评价的结果大致相似，内部排名略有变化：西安市的最高，杨凌示范区次之，平凉市的最低。

3) 环境系统

环境系统综合评价排序与经济排序差距相对较大，宝鸡市的环境系统排序显著低于经济系统排序，说明在发展经济的同时环境治理力度还不够，这与其经济地位极不相称，应该引起重视，要遵循各个子系统协调发展的原则来发展经济；同时我们也应注意到经济发展水平处于较低水平的渭南市，资源环境水平较高，有较强的发展潜力。

4.2.3 聚类分析与评价

在得到评价结果后，采用聚类方法对上述评价结果进行分析。在进行 SPSS 聚类分析过程中，采用的是谱系聚类中的聚类方法。根据本研究评价的特性，这里选用质心法，该方法要求距离的测量方法采用欧氏距离平方法，分析结果如图 4.2 所示。

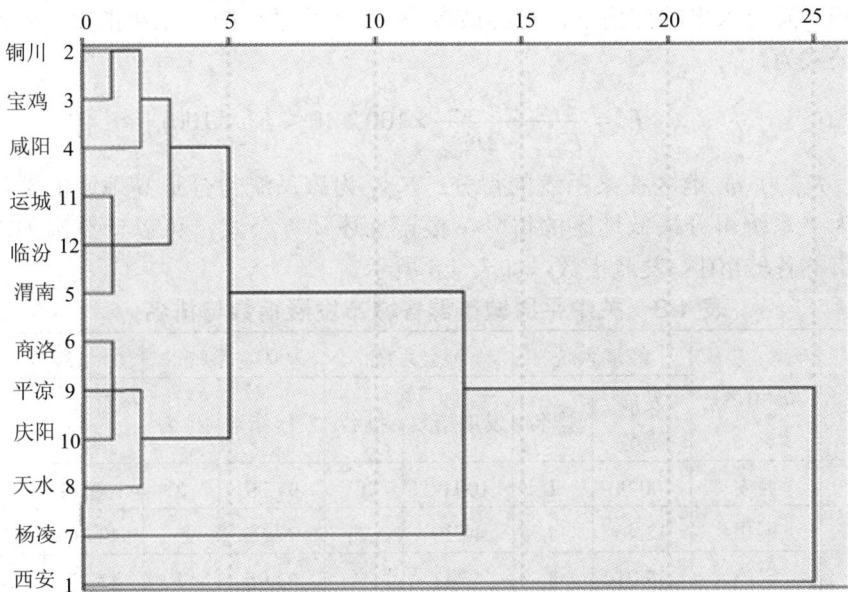

图 4.2 聚类分析树状图

根据图 4.2，我们可以将关中平原城市群 12 个城市(区)大致划分为四类：第一类是西安，总体发展最好，无论是经济系统、社会系统还是环境系统均排名前列，是关中平原城市群中具有发展带动作用的城市；第二类是杨凌示范区，发展状况较好，属于新开发的国家级示范区，政策优势和产业优势明显，发展潜力较大；第三类包括咸阳、宝鸡、铜川、渭南、临汾、运城，其整体实力居中；第四类包括天水、庆阳、平凉、商洛，各类指标能力比较弱，经济实力较差，属于关中平原城市群发展中需要"带动"和重点发展的对象。

4.3 融合发展程度分析

4.3.1 发展指数计算

根据上述方法，我们可以计算出关中平原城市群各城市(区)的总体得分情况。这里采用主成分分析法(PCA)对原始指标数据进行标准化处理，这就使得有些地区在某个子系统综合得分为负数，为了便于后续分析研究，在不改变它们相对发展水平的前提下，对各城市(区)子系统进行归一化和指数化处理，计算公式为

$$F' = \frac{F_m - 2F_{min}}{F_{max} - 2F_{min}} \times 100 \quad (0 < F' \leqslant 100)$$

其中：F_m 为 m 地区在某系统的得分；F_{max} 为该系统得分最高地区的数值；F_{min} 为该系统得分最低地区的得分。根据上述计算公式，可以计算出关中平原城市群各城市(区)发展指数，如表4.8所示。

表4.8 关中平原城市群各城市发展指数与排名

序号	城市(区)	经济系统		社会系统		环境系统		综合	
		发展指数	排名	发展指数	排名	发展指数	排名	发展指数	排名
1	西安	100.00	1	100.00	1	97.39	2	100.00	1
2	铜川	32.40	4	40.39	7	79.65	5	40.66	5
3	宝鸡	35.01	3	47.41	5	63.95	7	41.05	4
4	咸阳	28.89	5	51.78	3	97.10	3	43.83	3
5	渭南	22.61	8	47.67	4	80.12	4	35.92	6
6	商洛	16.85	12	29.17	10	33.84	12	20.17	12
7	杨凌示范区	58.25	2	64.26	2	100.00	1	65.95	2
8	天水	21.71	9	27.42	11	49.18	9	25.65	9
9	平凉	18.15	11	22.54	12	44.18	10	21.45	11
10	庆阳	21.11	10	29.25	9	35.06	11	23.16	10
11	运城	23.53	7	42.54	6	62.93	8	32.41	8
12	临汾	25.66	6	38.48	8	68.64	6	33.95	7

4.3.2　融合度模型构建

关于衡量若干个系统的融合度，学术界通常引用物理学中各要素的耦合度模型，本书采用数理统计中的离差系数来推导基于离差系数最小化的融合度模型。离差系数被定义为一组数据的标准差与其相应的均值之比，它能够很好地衡量随机变量对其均值的离散程度，离差系数越小则意味着该组数据越集中，反之则越离散。对应到我们这里研究的经济社会一体化融合发展水平而言，离差系数越小意味着一体化融合发展水平越高，反之则意味着一体化融合发展水平越低。为了便于研究，这里设有两个子系统，分别为 $f(x)$、$f(y)$，且数值为正，μ、δ 分别为两个子系统的均值和标准差，其离散系数为 C_v，则根据定义有

$$C_v = \frac{\delta}{\mu} = \frac{\delta}{\dfrac{f(x)+f(y)}{2}} = \sqrt{2\left(1 - \frac{f(x)f(y)}{\left[\dfrac{f(x)+f(y)}{2}\right]^2}\right)} \tag{4-1}$$

若希望离差系数 C_v 越小越好，那么对应式(4-1)可知 C_v 越小越好的充要条件是

$$C = \frac{f(x)f(y)}{\left[\dfrac{f(x)+f(y)}{2}\right]^2} \tag{4-2}$$

C 越大越好，将两个子系统推广到 n 种子系统 $f_1(x)$，$f_2(x)$，$\cdots$，$f_n(x)$，则可以得到基于离差系数最小化的融合度模型：

$$C = \frac{f_1(x)f_2(x)\cdots f_n(x)}{\left[\dfrac{f_1(x)f_2(x)\cdots f_n(x)}{n}\right]^n} \quad (0 \leqslant C \leqslant 1) \tag{4-3}$$

式中：$f_1(x)$，$f_2(x)$，$\cdots$，$f_n(x)$ 分别为 n 种子系统的综合评价函数，n 为调节系数；C 为融合度($0 \leqslant C \leqslant 1$)，它是度量系统或者要素之间融合状况好坏的定量指标，其值越大表明系统或者要素之间融合度越高。

考虑到本书研究的关中平原城市群经济社会一体化发展问题，我们根据上式取 $n=3$ 构建融合度模型：

$$C = \frac{C(e)C(c)C(v)}{\left[\dfrac{C(e)+C(c)+C(v)}{3}\right]^3} \quad (0 \leq C \leq 1)$$

其中：$C(e)$ 为经济系统发展指数；$C(c)$ 为社会系统发展指数；$C(v)$ 为环境系统发展指数；C 为三个系统之间的融合度。

在实际问题分析中我们会发现，如果某个研究对象各个子系统的发展水平都很落后，那么它们之间的融合度也会很高，显然仅用融合度并不能同时反映系统融合和发展两方面的信息。为了弥补融合度的不足，需要同时考虑系统的综合发展指数 Q(上文已给出测算结果)以及子系统的融合度 C，于是这里提出了系统融合发展度的概念，该指标综合考虑研究对象各子系统发展水平以及它们之间的融合水平，数值越高，说明该系统融合发展水平也就越高，其测算公式如下：

$$D = \sqrt{C \times Q}$$

其中：D 为研究对象的融合发展度，它是衡量一个系统融合发展水平的定量指标；C 为研究对象三个子系统的融合度；Q 为研究对象三个子系统的综合发展指数。

经过上述计算，可以得到关中平原城市群各城市(区)的融合度、融合发展度及相应排名，见表4.9。

表4.9　各城市融合度、融合发展度及相应排名

序号	城市(区)	融合度 (C)	融合度排名	融合发展度 (D)	融合发展度排名
1	西安	1.00	1	10.00	1
2	铜川	0.79	8	5.68	4
3	宝鸡	0.91	4	6.13	3
4	咸阳	0.70	11	5.53	5
5	渭南	0.69	12	4.96	8
6	商洛	0.88	5	4.22	11
7	杨凌示范区	0.92	3	7.78	2
8	天水	0.83	6	4.62	10
9	平凉	0.80	7	4.14	12
10	庆阳	0.94	2	4.66	9
11	运城	0.79	8	5.07	7
12	临汾	0.78	10	5.15	6

　　科学有效地判断一个系统是否融合发展，不能仅以"融合发展"或者"排斥发展"来下结论。事实上，绝大多数系统的融合发展水平处于二者之间，这就需要我们对一个系统融合发展水平做一个等级划分。根据本书模型的测算，各市(区)融合度 C 的取值范围在[0，1]区间，融合发展度 D 的取值范围在[0，10]区间，在参考前人研究成果的基础上，我们可以将关中平原城市群各子系统综合发展水平划分为 6 个等级(见表 4.10)，把融合度划分为 10 个等级(见 4.11)，把融合发展水平划分为 10 个等级(见表 4.12)。

表 4.10　各子系统综合发展水平等级划分

发展指数 Q	发展等级	发展指数(Q)	发展等级
0～29.99	低级发展	60～69.99	中期发展
30～49.99	初期发展	70～79.99	中后期发展
50～59.99	中期初级	80～100	高级发展

表 4.11　融合度等级划分

融合度(C)	融合等级	融合度(C)	融合等级
0.00～0.09	极度排斥	0.50～0.59	勉强融合
0.10～0.19	严重排斥	0.60～0.69	初级融合
0.20～0.29	中度排斥	0.70～0.79	中级融合
0.30～0.39	轻度排斥	0.80～0.89	良好融合
0.40～0.49	濒临排斥	0.90～1.00	优质融合

表 4.12　融合发展水平等级划分

融合发展度(D)	融合发展等级	融合发展度(D)	融合发展等级
0.00～0.99	极度排斥发展	5.00～5.99	勉强融合发展
1.00～1.99	严重排斥发展	6.00～6.99	初级融合发展
2.00～2.99	中度排斥发展	7.00～7.99	中级融合发展
3.00～3.99	轻度排斥发展	8.00～8.99	良好融合发展
4.00～4.99	濒临排斥发展	9.00～10.00	优质融合发展

4.3.3 各市(区)融合发展程度对比分析

根据表 4.8、表 4.9 的计算结果以及表 4.11、表 4.12 的程度划分，得出以下归类结果(见表 4.13)。

表 4.13　各市(区)融合度等级划分

融合度等级	城市(区)
初级融合	渭南
中级融合	铜川、咸阳、运城、临汾
良好融合	商洛、天水、平凉
优质融合	西安、宝鸡、杨凌示范区、庆阳

从以上划分结果来看，关中平原城市群 12 个城市(区)的经济系统、社会系统、环境系统融合程度较好，其中西安、宝鸡、杨凌示范区、庆阳属于优质融合，说明其三个系统的发展高度一致，并没有出现偏离现象，但是结合表 4.8 和表 4.9 的数据，西安、杨凌示范区的优质融合属于高度发展的融合，而庆阳较为落后，且三个系统的发展均排名靠后。这从一定程度上反映了融合度分析法的弊端，因此需要对关中平原城市群的融合发展水平进行更科学的分析。

结合各市区发展指数之后，得出的融合发展程度等级划分如表 4.14 所示。

表 4.14　城市群各城市融合发展等级划分

融合发展等级	城市(区)
濒临排斥发展	渭南、庆阳、天水、商洛、平凉
勉强融合发展	铜川、咸阳、临汾、运城
初级融合发展	宝鸡
中级融合发展	杨凌示范区
良好融合发展	
优质融合发展	西安

分析可知，目前仅有西安达到了优质融合发展阶段；杨凌示范区次之，属于中级融合发展阶段；宝鸡则处于初级融合发展阶段；铜川、咸阳、临汾、运城属于勉强融合发展阶段，说明这些地方的政府应适当注意经济、社会、环境三个系统之间的协同发展与配合；而其他城市则处于濒临排斥发展阶段。以上分析表明，当前整个关中平原城市群各城市的融合发展水平总体偏低，亟待采取有效措施来改善这一发展现状。

4.4 综合发展水平分析

在上文中我们对关中平原城市群 12 个城市(区)进行了主成分分析和融合发展程度分析，为了更加直观地说明整体发展水平，将上述分析进行综合比较，得出如下结果(见表 4.15)。

表 4.15 综合发展水平

序号	城市(区)	融合发展度(D)	发展指数	聚类结果
1	西安	10.00	100.00	I
7	杨凌示范区	7.78	65.95	II
3	宝鸡	6.13	41.05	III
2	铜川	5.68	40.66	
4	咸阳	5.53	43.83	
12	临汾	5.15	33.95	
11	运城	5.07	32.41	
5	渭南	4.96	35.92	
10	庆阳	4.66	23.16	IV
8	天水	4.62	25.65	
6	商洛	4.22	20.17	
9	平凉	4.14	21.45	

我们把表 4.15 中的数据表现在折线图上，结果如图 4.3 所示。

从图 4.3 可以看出，根据发展指数和融合发展程度描绘出的图形符合聚类分析的结果。具体如下：

I 类城市只有西安，无论是经济、社会、环境发展水平还是总体发展融合程度都是最高的，属于经济发达、优质融合地区，是关中平原城市群中具有发展带动作用的核心城市。

II 类是杨凌示范区，发展状况较好，属于新开发的国家级示范区，政策优势、产业优势明显，注重区域经济协调，发展潜力较大，属于中级融合发展阶段。

III 类包括咸阳、宝鸡、铜川、渭南、临汾、运城，其整体实力居中，其中宝鸡处于初级融合发展阶段，铜川、咸阳、临汾、运城属于勉强融合发展阶段，说明应适当注意经济、社会、环境三系统之间的发展与配合，渭南属于濒临排斥发展阶段，说明其在Ⅲ类城市中融合发展较差。Ⅲ类城市应当在关中平原城市群一体化建设中充分发挥其自身优势，弥补长期以来的劣势，从而完成其城市定位的转变。、

Ⅳ类包括天水、庆阳、平凉、商洛，各类指标能力比较弱，经济实力较差，属于关中平原城市群发展中需要"带动"和重点发展的对象。同时此类城市在融合发展程度中属于濒临排斥阶段，说明这些地区发展不均衡的情况比较严重，在经济社会一体化发展过程中还有相当大的进步空间，这也是关中平原城市群发展亟须解决的重点问题之一。

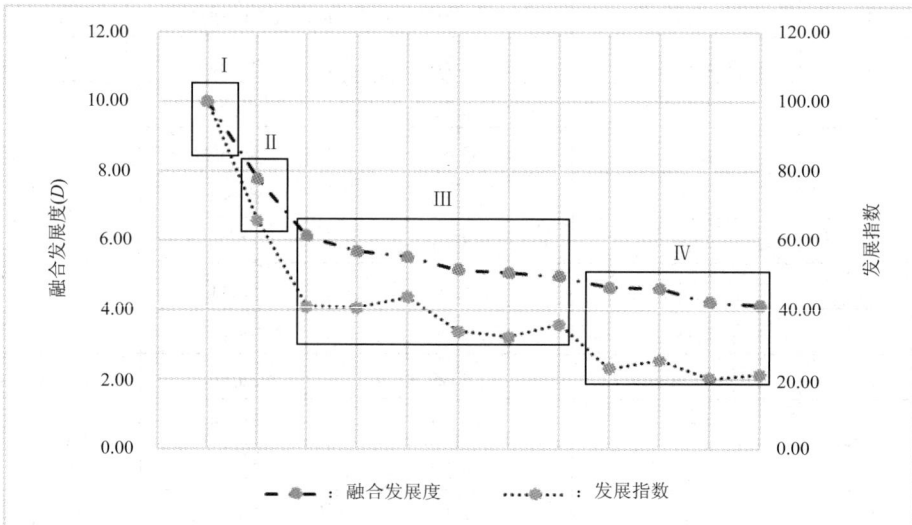

图 4.3　综合发展水平分类

第 5 章

国内外发达城市群经济社会一体化发展的经验及启示

5.1 国外城市群区域一体化发展模式

5.1.1 美国—纽约都市圈

纽约都市圈位于美国东部大西洋沿岸，始于缅因州，从北至南一共跨越了 10 个州，最终止于南部的弗吉尼亚州。纽约都市圈包含 40 多个人口在 10 万以上的城市，其中包括五座特大城市，分别是纽约、波士顿、华盛顿、费城及巴尔的摩。都市圈人口总数约 6500 万，占全美国人口的 1/4，圈内城镇化率大于 90%。

纽约都市圈的层级结构非常明显。第一层级是纽约市，第二层级是华盛顿、波士顿、费城和巴尔的摩四座大城市，第三层级是分布在这五座大城市周边的 40 多个中小城市。五座大城市在主导产业上各具特色，充分发挥区域的比较优势以及资源优势。纽约都市圈采取互补与错位并存的发展战略，确保都市圈内各城市与城市间的分工与协作，为其空间结构健康发展与优化奠定了基础。

纽约都市圈的中心城市是纽约市，其空间结构与产业分布也同样表现出非常明显的层级结构特征。可以根据纽约市各区域的经济发展水平将其划分为核心区、内圈与外圈三个等级。纽约市金融业发达，为城市圈的发展提供了经济依托。在纽约市的影响下，城市圈的其他城市都发展了各自极具地方特色的主导产业：波士顿的主导产业是高新技术产业，费城是重工业，巴尔的摩则是军工业，而华盛顿作为美国的首都，是城市群乃至全国的政治中心，如图 5.1 所示。

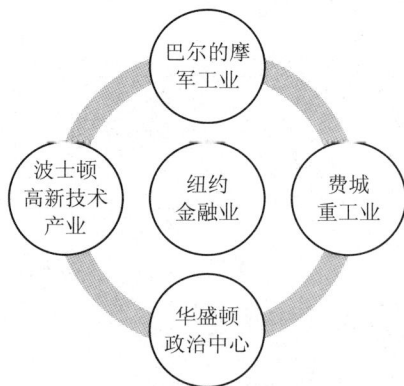

图 5.1 纽约都市圈产业布局示意图

尽管这些城市的主导产业都是相对独立的，但在城市圈的大环境下，城市的职能互相叠加并成倍放大，构建了功能综合且多样的城市群结构。纽约都市圈的整体空间格局以纽约市为中心，其他四个大城市为节点，以交通网络系统和产业链为联系纽带，形成层次鲜明、结构清晰、功能完善且产业高度集聚的城市集群体系。

5.1.2　英国—伦敦都市圈

伦敦都市圈位于英国南部，以伦敦、利物浦为发展轴线向周边扩散，包括伯明翰、曼彻斯特等大城市和许多中小城市。伦敦都市圈约有人口 3650 万，圈域总面积约为 4.5 万平方公里，为全国面积的 1/5，都市圈的经济总量约占全国的 80% 以上。

该都市圈的核心是由伦敦城和其他 32 个行政区共同组成的大伦敦，占地约 1600 平方公里。伦敦既是英国的经济中心，也是世界金融中心。伦敦总就业人口中约有五分之四属于金融保险业，高于所有工业部门的职工人数总和。作为世界金融和贸易中心，伦敦是世界最大的外汇市场、欧洲美元市场和国际保险中心。除了作为世界四大股票交易所之一的伦敦股票交易所外，伦敦还有众多的商品交易所，从事黄金、白银、有色金属、羊毛、橡胶、咖啡、可可、棉花、油料、木材、食糖、茶叶和古玩等贵重或大宗的世界性商品买卖。

伦敦既是英国的政治中心，也是许多国际组织总部所在地，作为世界历史文化名城，众多的世界级历史文物、博物馆、著名新闻机构集中于此，这一切都决定了第三产业在伦敦发展尤为突出。

伦敦是世界最大的国际港口和航运市场之一，世界上主要的航运、造船和租船公司，都在这里设有代表机构。伦敦港是英国最大、也是仅次于鹿特丹、纽约、横滨和新加坡的世界著名港口之一。

作为都市圈龙头，大伦敦先是 20 世纪 70 年代末到 80 年代初，以金融业和制造业支援服务取代了传统工业。此后 30 年，以法律服务、会计服务和商业咨询为主的商务服务业在伦敦异军突起。而在过去的 10 年，随着金融服务业发展趋缓，创意产业开始为伦敦注入新的发展动力。在整个大伦敦地区，创意产业每年创收 210 亿英镑，占伦敦年度经济总增加值的 16%，有 50 万人从事创意产业。

5.1.3　法国—巴黎都市圈

巴黎都市圈位于法国北部，以巴黎市为中心并以环形向四周辐射，顺莱茵河和塞纳河沿线延伸，覆盖了包括法国首都巴黎市、荷兰首都阿姆斯特丹市、比利时安特卫普市以及德国科隆市在内的四个国家的 40 个人口超过 10 万的城市，总面积约为 14.5 万平方公里，都市圈内人口超过 4600 万，是欧洲人口密度最高的区域。大巴黎地区是整个巴黎都市圈甚至欧洲中部地区的核心发展区域，它由七个省构成，被称为"法兰西岛"。

法国的巴黎—里昂—阿费尔城市圈是沿塞纳河下游的带状城市群。德国的莱茵—鲁尔城市圈是因工矿业发展而形成的多中心城市聚集区，是德国主要的工业中心，也是欧洲的工业重心，该都市圈延伸于北莱茵—威斯特法伦州的 5 个行政区内，聚集了波恩、科隆、杜塞尔多夫、埃森等 20 多个城市。荷兰的兰斯塔德都市圈是一个多中心马蹄形环状城市群，包括阿姆斯特丹、鹿特丹和海牙 3 个大城市以及众多小城市，各城市之间的距离仅有 10~20 公里，主要特点是把一个城市所具有的多种职能分散到大、中、小城市，形成了一个大中小城市体系健全、城市间实现有机的功能分工和协作的都市圈。

与其他都市圈相比，巴黎都市圈具有独特的优势。巴黎集中了众多的国际企业和高级研究机构，进行着频繁的国际商业活动，作为世界历史名城，巴黎有着丰富的历史文化遗产、旅游胜地和丰富的都市文化生活。巴黎产业部门齐全，奢侈品生产是巴黎工业的一大特色，在工业生产中居第二位，产品有贵重金属器具、皮革制品、瓷器、服装等，巴黎的金融、保险、商业、会议博览和旅游业都很发达，第三产业就业人口占巴黎就业人口的 70%。法国目前拥有 1 万公里高速公路和全世界最发达的公共交通系统，巴黎市内水、陆、空交通发达，地铁与公交网覆盖全部市区。

巴黎极为便利的交通设施，加上郊外的高速铁路系统，使巴黎成为欧洲的交通枢纽，由巴黎至伦敦、布鲁塞尔、阿姆斯特丹、科隆及德国西部等地的航程均在一小时之内。

5.1.4 日本—东京都市圈

日本主要城市的集群式发展非常突出，形成了东京、横滨、名古屋、大阪到神户的太平洋沿岸都市带。随着产业结构变迁和城市发展，日本的大量人口和主要产业由四大岛逐渐向三大都市群地区集中，在东海道地区逐渐形成了三大都市圈，它们分别是以东京为核心的首都圈，以大阪为核心的近畿圈，以名古屋为核心的中部圈。日本的城市人口高度集中，三大都市圈是日本城市人口集聚的最主要地区。1998 年，三大都市圈人口占全国人口的 46.8%，其中东京都市圈现有 3200 多万人，约占日本总人口的 1/4。在连接三大都市圈内主要城市的新干线(高速铁路)开通后,都市圈之间的人口和资本流动更加便捷,东京、大阪等特大型中心城市的实力更为突出。因此,日本的区域与城市群发展正在经历着进一步集聚式发展的演变过程。20世纪90年代以来,东京的政治经济的中心地位还在不断加强,以至出现了所谓一极化的发展态势。

日本政府高度重视都市圈的协调发展规划。三大都市圈的规划每10年左右就修订一次,其指导思想之一就是试图把东京都中心区的部分功能分解出去。1999年第一次"首都圈整备规划"的核心内容,是在以东京站为中心30公里为半径的范围内,建设5～10公里的绿化环带,新建住宅和产业园区必须在绿化环带以外,以控制城市建设的蔓延,保障中心城区的环境质量。"首都圈整备规划"的重点内容是提出发展新的产业核心区,即形成"副都心",其意图是把部分产业和政务功能分解出去,缓解中心城区的压力。

东京基本形成了半径大约为100公里的大都市地区,总面积约3.7万平方公里,总人口达4130万人,是世界上人口密度最高的大都市地区。东京大都市地区可以分成三个部分:第一部分是"内核区",由中心点到15公里半径范围内,2000年内核区的常住人口约800万人;第二部分是"中层区",在15～50公里半径的范围内,2000年中层区的常住人口约2600万人;第三部分是"外层区",在50～100公里半径范围内,2000年外层区的常住人口约700万人,如图5.2所示。它还形成包括东京、横滨和川崎三大城市在内,由大约20多个城市组成的城市群和大都市绵延带。因此,东京的政治科技教育文化的优势,同横滨的港口优势、川崎的制造业优势以及千叶的大型

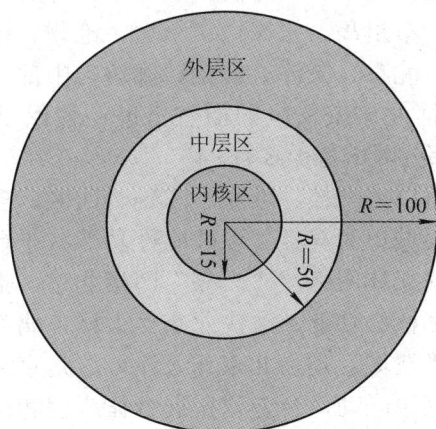

图5.2 东京大都市空间布局示意图

航空枢纽港的优势结合在一起，周围分布着众多的卫星式中小城市，这些中小城市的产业、住宅区、大交通等设施，以及科技教育文化等建设与发展，都有意服从和配合东京核心城市的要求，如图 5.3 所示。

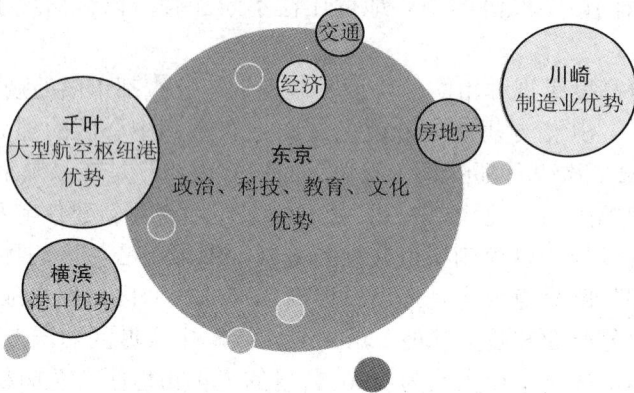

图 5.3　东京大都市地区产业分布图

5.2　国内城市群区域一体化发展模式

5.2.1　京津冀城市群一体化发展模式

京津冀城市群，包括北京、天津两大直辖市，并且囊括了河北省保定、唐山、廊坊、石家庄、秦皇岛、张家口、承德、沧州、衡水、邢台、邯郸和河南省的安阳。其中，北京、天津、保定、廊坊为中部核心功能区，京津保地区率先联动发展。河北雄安新区的横空出世，使保定市下辖的雄县、容城、安新 3 县及周边部分区域备受瞩目。

京津冀协同发展将以"一核、双城、三轴、四区、多节点"为骨架进行空间布局，构建以重要城市为支点，以战略性功能区平台为载体，以交通干线、生态廊道为纽带的立体网络。"一核"即指北京。把有序疏解北京非首都功能、优化提升首都核心功能、解决北京"大城市病"问题作为京津冀协同发展的首要任务。"双城"是指北京和天津，这是京津冀协同发展的主要引擎，要进一步强化京津联动，全方位拓展合作广度和深度，加快实现同城化发展，共同发挥高端引领和辐射带动作用。"三轴"指的是京津、京保石、京唐秦三个产业发展带和城镇聚集轴，这是支撑京津冀协同发展的主体框架。京津发展轴主要推动北京、廊坊、天津交通沿线主要城市加快发展，辐射张家口、承德；京保石发展轴推动北京、保定、石家庄、邢台、邯郸交通沿线主要城镇加快发展；京唐秦发展轴推动北京、宝坻、唐山、秦皇岛交通沿线主要城镇加快发展，辐射沧州。"四区"分别是中部核心功能区、东部滨海发展区、南部功能拓展区和西北部生态涵养区，重点承接北京市非首都功能的疏解，力争率先启动京津保地区联动发展。

北京城市功能定位是国家首都、国际城市、文化名城、宜居城市，重点发展第三产业，以交通运输及邮电通信业、金融保险业、房地产业和批发零售及餐饮业为主。同时，充分发挥大学、科研机构林立，人才高度密集的优势，与高新技术产业园区、大型企业相结合，积极发展高新产业，以发展高端服务业为主，逐步向外转移低端制造业。

天津城市的功能定位是构建国际港口城市、北方经济中心和宜居生态城市。天津主要发展航空航天、石油化工、装备制造、电子信息、生物医药、新能源新材料、国防科技和轻工纺织等先进制造业和现代物流、现代商贸、金融保险、中介服务等现代服务业，并适当发展大运量的临港重化工业。

河北省作为原材料重化工基地、现代化农业基地和重要的旅游休闲度假区域，是京津高技术产业和先进制造业研发转化及加工配套基地。此外，河北省在第一产业中着重发展农业和牧业，作为京津的"米袋子"和"菜篮子"。

5.2.2 长江三角洲城市群一体化发展模式

长江三角洲城市群在上海市、江苏省、浙江省、安徽省范围内。以上海市，江苏省南京、无锡、常州、苏州、南通、扬州、镇江、盐城、泰州，浙江省杭州、宁波、湖州、嘉兴、绍兴、金华、舟山、台州，安徽省合肥、芜湖、马鞍山、铜陵、安庆、滁州、池州、宣城 26 个城市为中心区，辐射带动长三角地区高质量发展。

发挥上海龙头带动的核心作用和区域中心城市的辐射带动作用，依托交通运输网络培育形成多级多类发展轴线，推动南京都市圈、杭州都市圈、合肥都市圈、苏锡常都市圈、宁波都市圈的同城化发展，强化沿海发展带、沿江发展带、沪宁合杭甬发展带、沪杭金发展带的聚合发展，构建"一核五圈四带"的网络化空间格局。

上海作为长三角世界级城市群的核心城市，在推动长三角一体化发展中起到了"龙头"引领作用。推进长三角一体化发展应紧抓三个重点区域：一是在江苏苏州吴江地区、浙江嘉兴嘉善地区和上海青浦地区，建设长三角生态绿色一体化发展的示范区；二是建设上海自贸试验区新片区；三是建设虹桥商务区，打造虹桥国际开放枢纽，打造国际化的中央商务区和国际贸易中心的新平台。

南京都市圈包括南京、镇江、扬州三市。提升南京中心城市功能，加快建设南京江北新区，加快产业和人口集聚，辐射带动淮安等市发展，促进与合肥都市圈融合发展，打造成为区域性创新创业高地和金融商务服务集聚区。

杭州都市圈包括杭州、嘉兴、湖州、绍兴四市。发挥创业创新优势，培育发展信息经济等新业态新引擎，加快建设杭州国家自主创新示范区和跨境电子商务综合试验区、湖州国家生态文明先行示范区，建设中国经济转型升级和改革创新的先行区。

合肥都市圈包括合肥、芜湖、马鞍山三市。发挥在推进长江经济带建设中承东启西的区位优势和创新资源富集优势，加快建设承接产业转移示范区，推动创新链和产业链融合发展，提升合肥辐射带动功能，打造区域增长新引擎。

苏锡常都市圈包括苏州、无锡、常州三市。全面强化与上海的功能对接与互动，加快推进沪苏通、锡常泰跨江融合发展。建设苏州工业园国家开放创新综合试验区，发展先进制造业和现代服务业集聚区，推进开发区城市功能改造，加快生态空间修复和城镇空间重塑，提升区域发展品质和形象。

宁波都市圈包括宁波、舟山、台州三市。高起点建设浙江舟山群岛新区和江海联运服务中心、宁波港口经济圈、台州小微企业金融服务改革创新试验区。高效整合三地海港资源和平台，打造全球一流的现代化综合枢纽港、国际航运服务基地和国际贸易物流中心，形成长江经济带龙头龙眼和"一带一路"倡议支点。

沿海发展带。坚持陆海统筹，协调推进海洋空间开发利用、陆源污染防治与海洋生态保护。合理开发与保护海洋资源，积极培育临港制造业、海洋高新技术产业、海洋服务业和特色农渔业，推进江海联运建设，打造港航物流、重化工和能源基地，有序推进滨海生态城镇建设，加快建设浙江海洋经济示范区和通州湾江海联动开发示范区，打造与生态建设和环境保护相协调的海洋经济发展带，辐射带动苏皖北部、浙江西南部地区经济全面发展。

沿江发展带。依托长江黄金水道，打造沿江综合交通走廊，促进长江岸线有序利用和江海联运港口优化布局，建设长江南京以下江海联运港区，推进皖江城市带承接产业转移示范区建设，打造引领长江经济带临港制造和航运物流业发展的龙头地区，推动跨江联动和港产城一体化发展，建设科技成果转化和产业化基地，增强对长江中游地区的辐射带动作用。

沪宁合杭甬发展带。依托沪汉蓉、沪杭甬通道，发挥上海、南京、杭州、合肥、宁波等中心城市要素集聚和综合服务优势，积极发展服务经济和创新经济，成为长三角城市群吸聚最高端要素、汇集最优秀人才、实现最高产业发展质量的中枢发展带，辐射带动长江经济带和中西部地区发展。

沪杭金发展带。依托沪昆通道，连接上海、嘉兴、杭州、金华等城市，发挥开放程度高和民营经济发达的优势，以中国(上海)自由贸易试验区、义乌国际贸易综合改革试验区为重点，打造海陆双向开放高地，建设以高技术产业和商贸物流业为主的综合发展带，统筹环杭州湾地区产业布局，加强与衢州、丽水等地区生态环境联防联治，提升对江西等中部地区的辐射带动能力。

5.2.3 珠江三角洲城市群一体化发展模式

珠江三角洲城市群以广州、深圳、香港为核心，包括珠海、惠州、东莞、肇庆、佛山、中山、江门、澳门等城市。珠三角城市群强化广州、深圳、珠海等中心城市作用，聚合"广佛发展级""港深发展级"和"澳珠发展极"核心功能，打造具有强劲核心竞争力的区域发展"脊梁"，带动珠江三角洲以至"泛珠三角"的整体发展。

珠三角城市群形成以全方位的发展轴带为主线，以多层次的中心城市和集群化的产业聚集区为节点，不同类型、不同规模的城镇地区和产业地区向"点轴"集聚，三大都市区呈"扇面"拓展的一体化、网络型、开放式的空间发展格局。强化城镇、产业的轴线拓展态势，构建由一条环珠江口湾区的区域发展"脊梁"、三条区域发展主轴以及六条功能拓展轴等共同组成的网络状发展轴(带)体系，以线(发展轴带)聚点(城镇和产业地区)、以点带面(都市区和城镇群)，整合、优化城镇群空间结构，并形成向内陆和海外多方向强劲辐射的空间发展态势。

广州加快建设成为广东宜居城乡的"首善之区"和服务全国、面向世界的国际大都市。以世界先进城市为标杆，强化广州国家中心城市、综合性门户城市和区域文化教育中心的地位。打造综合性门户城市、南方经济中心。加快建设国际航运中心、国际交往中心、亚洲物流中心以及交通枢纽、信息枢纽"三个中心，两个枢纽"；继续巩固华南科技创新中心与国内先进制造业基地的重要地位，率先建立现代产业体系；继续发挥国际商贸会展中心作用，努力成为区域性现代服务业中心、金融中心乃至现代国际城市。凸显城市特色和个性，塑造世界文化名城的鲜明形象。积极推动广州与珠三角其他城市的产业协作，逐步形成总部在广州、企业在珠三角，决策中心在广州、运作基地在珠三角的区域产业格局；依托广州作为区域文化教育中心的地位，向珠三角、全省乃至更大的区域输出更多的文化、科技、教育等优质服务，带动区域综合实力进一步提升；强化综合性门户功能，加强新白云国际机场、南沙港和广州南站等区域性交通枢纽与珠三角其他城市和产业地区的交通联系，带动空间结构的优化。

深圳打造创新型综合经济特区，建设国际化城市。加强制度创新与科技自主创新，实现城市的可持续发展、居民生活的改善、社会文化的繁荣与城市地位的提升，强化全国经济中心和国家创新型城市的地位，建设中国特色社会主义示范市和国际化城市。加快发展高端服务业，发展循环经济和绿色产业，提高土地利用效益；建设经济发达、社会和谐、资源节约、环境友好、生态宜居、具有中国特色的国际城市。积极推进低碳城市试点，探索经济以低碳产业为主导、市民以低碳生活为行为特征、社会以低碳社会为建设蓝图，体现中国特色、时代特点、深圳特征的低碳发展道路。强化面向珠三角的国际化创新服务。充分发挥自主创新和区域协作优势，积极建设深港创新圈，加强深港双方在生产研发、创新和知识产权管理、保护和使用等方面的交流，积极推动高新技术产业和高端服务业的合作发展。同时利用深圳的技术创新和制度创新优势，将技术创新服务向珠三角其他城市和地区延伸，完善区域创新体系，加快形成上下游功能互补的区域产业链，形成具有较强创新能力和国际化水平的区域产业集群。

携手港澳共建宜居大湾区，打造新型发展模式示范区，引领区域实现一体化。凭借环珠江口湾区的核心区位，以及资源基础、交通条件的优势，将其打造成为创新基地、服务中枢、生态核心和多元文化融合之区。要携手港澳通过体制机制和发展模式创新，将大湾区作为全面落实《内地与香港关于建立更紧密经贸关系的安排》(CEPA)、深化粤港澳合作，以及珠三角转变经济发展方式的示范区。在实施策略上，要充分发挥湾区建设的区域协同效应，实现粤港澳合作建设、各城市联动开发，共同提升珠三角一体化的水平，建设引领珠三角、服务港澳、示范全国、享誉全球的宜居大湾区。

深化粤港澳跨界合作，强化大湾区的创新功能和辐射带动能力。在湾区规划建设若干粤港澳合作区域，促进高端服务业的聚集：将广州南沙黄阁地区打造成为穗港澳现代服务业特别合作区，将广州番禺石壁地区打造成为港澳服务外包中心，将深圳前海地区打造成为深港联合共建国际大都市区的试验区，将珠海横琴新区打造成为粤港澳紧密合作示范区。建立联合创新体系：依托广州科学城—广州大学城—广州生物岛—佛山高新区、东莞松山湖—深圳光明新区—深圳大学城—深圳高新区—香港、中山火炬开发区—珠海唐家湾—珠海大学园区—珠海金湾—澳门三大发展带，在粤港澳大湾区规划建设若干合作创新区，打造全球著名的创新中心和成果转化基地，带动大珠三角产业转型升级。加大体制创新和先行先试力度：在 CEPA 框架下进一步扩大开放，在试点制度设计、体制创新、港澳经济合作事项等方面先行先试，以各类合作区域作为加强粤港澳服务业、高新技术产业等方面深度合作的重要载体和先行区，率先探索建立合作方式灵活、合作主体多元、合作渠道畅顺的新机制，为全国建立更宽领域、更高水平的开放型经济新格局提供经验。

5.2.4 长江中游城市群一体化发展模式

长江中游城市群是以武汉城市圈、环长株潭城市群、环鄱阳湖城市群为主体形成的特大型城市群，囊括了 28 个城市，国土面积约 32.61 万平方公里，2017 年实现 GDP 7.9 万亿元，约占全国 GDP 的 10%，常住人口约为 1.25 亿。

长江中游城市群需要进一步强化武汉、长沙、南昌的中心城市地位，合理控制人口规模和城镇建设用地面积，进一步增强要素集聚、科技创新和服务功能，提升现代化、国际化水平，完善合作工作推进制度和利益协调机制，引领带动武汉城市圈、环长株潭城市群、环鄱阳湖城市群协调互动发展。

武汉城市圈。充分发挥武汉科教优势和产业优势，强化辐射引领作用，开展国家创新型城市试点，提升国际化水平；全面加快武汉城市圈一体化建设，推进武汉与鄂州、孝感、咸宁、黄冈、黄石等同城化发展，加强与汉江生态经济带和鄂西生态文化旅游圈联动发展；积极推进"两型"社会综合配套改革试验区和自主创新试验区建设，率先在优化结构、节能减排、自主创新等方面实现新突破，把武汉城市圈建设成为全国重要的综合交通运输枢纽、先进制造业和高技术产业基地、中部地区现代服务业中心。

环长株潭城市群。依托现有国家级开发区和产业基地，提升长沙东部开放型经济走廊发展水平，促进长沙产业高端化发展，增强产业集聚能力，强化科技教育、文化创意、商贸物流等功能，打造中部地区重要的先进制造业基地、综合交通枢纽和现代服务业中心，率先建成"两型"城市和实现全面小康；推动长沙与株洲、湘潭一体化发展，辐射带动衡阳、岳阳、常德、益阳、娄底等城市发展，加快洞庭湖生态经济区建设，把环长株潭城市群建设成为全国"两型"社会建设示范区和现代化生态型城市群。

环鄱阳湖城市群。优化南昌要素集聚、科技创新、文化引领和综合交通功能,辐射带动周边地区发展,打造重要的先进制造业基地、中部地区综合交通枢纽和现代服务业集聚区;加快(南)昌九(江)一体化、(南)昌抚(州)一体化发展,推进鄱阳湖生态经济区建设,加强与新(余)宜(春)萍(乡)城镇密集带、信江河谷城镇群的联系,促进与赣南等原中央苏区联动发展,把环鄱阳湖城市群建设成为大湖流域生态人居环境建设示范区和低碳经济创新发展示范区。

依托沿江、沪昆和京广、京九、二广"两横三纵"重点发展轴线,形成沿线大中城市和小城镇合理分工、联动发展的格局,建成特色鲜明、布局合理、生态良好的现代产业密集带、新型城镇连绵带和生态文明示范带。

沿江发展轴。充分发挥长江黄金水道优势,加快沿江铁路、高速公路和集疏运体系建设,合理推进岸线开发和港口建设,构建内通外联的综合运输体系。增强武汉的辐射带动功能,提升宜昌、荆州、岳阳、鄂州、黄冈、咸宁、黄石、九江等沿江城市综合经济实力,优化产业分工协作,引导轨道交通装备、工程机械制造、电子信息、生物医药、商贸物流、纺织服装、汽车、食品等产业集聚发展,推动石油化工、钢铁、有色金属产业淘汰落后产能和转型升级,进一步推进旅游合作,打造沿江产业走廊和全国重要的休闲旅游带。加强与长三角和成渝等地区的联动发展,共同建设长江经济带。

沪昆发展轴。加快沪昆高速铁路建设,以长沙、南昌为中心,发展和培育城镇集聚区,推进上饶高铁经济试验区、株洲创新发展试验区发展,加快沿线上饶、鹰潭、景德镇、新余、宜春、萍乡、株洲、湘潭、娄底等城市的轨道交通、工程机械、航空制造、光伏光电、有色金属、生物医药、精细化工、粉末冶金、钢铁、食品等产业集群和基地建设,加强旅游合作发展,构建贯通城市群东部和西南地区的联动发展轴,成为连接东中西地区的重要通道。

京广发展轴。提高京广通道综合运输能力,依托沿线人力资源优势和产业基础,大力发展原材料、装备制造、高技术产业,形成我国重要的制造业基地。以武汉、长沙为龙头,增强沿线孝感、咸宁、岳阳、株洲、衡阳等重要节点城市的要素集聚能力,带动沿线城镇协同发展,构建沟通南北的经济发展轴,进一步加强与京津冀、珠三角、中原经济区等地区的经济联系。

京九发展轴。依托京九通道,加快城市快速通道建设,发挥南昌、九江辐射带动作用,推进昌九一体化发展,提升沿线麻城、蕲春、武穴、黄梅、德安、共青城、永修、丰城、樟树、新干、峡江等中小城镇的综合经济实力,立足特色资源优势,共同建设赣北、鄂东等地区的资源性产品生产及加工基地，成为联系京津冀、珠三角和海峡西岸等地区的重要通道。

二广发展轴。以二广高速、焦柳铁路及蒙西至华中煤运铁路为依托，以襄阳、荆门、宜昌、荆州、常德、益阳、娄底等重要城市为节点，以各类高新区、开发区和承接产业转移园区为载体，发展特色产业和劳动密集型产业，深化区域合作，成为沟通北部湾经济区和中原经济区、关中—天水经济区等地区的重要轴线。

5.2.5　成渝城市群一体化发展模式

成渝城市群以重庆、成都两市为中心，包括自贡、绵阳、南充等大中城市，共计 16 个城市，国土面积约为 24 万平方公里，2017 年实现 GDP 4.76 万亿，约占全国 GDP 的 6%，常住人口约为 9819 万。该区域是全国重要的现代产业基地，西部创新驱动先导区。

发挥重庆和成都双核带动功能，重点建设成渝发展主轴、沿长江和成德绵乐城市带，促进川南、南遂广、达万城镇密集区加快发展，提高空间利用效率，构建"一轴两带、双核三区"空间发展格局。

打造成渝发展主轴。依托成渝北线、中线和南线综合运输通道，积极推进重庆两江新区和四川天府新区建设，加快推动核心城市功能沿轴带疏解，辐射带动资阳、遂宁、内江、永川、大足、荣昌、潼南、铜梁、璧山等沿线城市加快发展，打造支撑成渝城市群发展的"脊梁"。加快城际轨道交通、高速公路和沿线交通枢纽建设，构筑发达的基础设施复合廊道。加强沿线城市产业分工协作，引导先进制造业和现代服务业集群发展。支持沿线中心城市拓展发展空间，提高人口经济集聚能力。

优化成德绵乐城市带。依托成绵乐城际客运专线、宝成—成昆铁路和成绵、成乐、成雅高速公路等构成的综合运输通道，发挥成都辐射带动作用，强化绵阳、德阳、乐山、眉山等城市的节点支撑作用，带动沿线城镇协同发展，提升人口综合承载能力，建成具有国际竞争力的城镇集聚带。依托沿线产业基础，发挥天府新区、成都自主创新示范区和绵阳国家科技城的平台优势，围绕电子信息、装备制造、航空航天、科技服务、商贸物流等产业，打造创新驱动的特色产业集聚带。

培育沿江城市带。依托长江黄金水道及沿江高速公路、铁路，充分发挥重庆的辐射带动作用，促进泸州、宜宾、江津、长寿、涪陵、丰都、忠县、万州等节点城市发展，培育形成沿江生态型城市带。发挥沿江区位和港口优势，有序推进岸线开发和港口建设，增强泸州、宜宾、涪陵、长寿、万州等产业园区支撑作用，建设临港产业、特色产业和现代物流基地。规范开发秩序，严守生态红线，建设沿江绿色生态廊道，强化沿江生态保护和修复，统筹流域环境综合治理。

提升重庆核心功能。围绕建成国家中心城市，强化重庆大都市区西部开发开放战略支撑和长江经济带西部中心枢纽载体功能，充分发挥长江上游地区经济中心、金融中心、商贸物流中心、科技创新中心、航运中心的作用，加快两江新区建设，全面增强集聚力、辐射力和竞争力。加强城市规划建设管理，强化城市规划约束性作用，根据山地特色合理控制建筑物高度，提升现代化国际大都市形象。以主城区为核心，以城市发展新区为腹地，联动沿江城市带和四川毗邻城市发展，构筑具有国际影响力的现代化大都市区。

提升成都核心功能。以建设国家中心城市为目标，增强成都西部地区重要的经济中心、科技中心、文创中心、对外交往中心和综合交通枢纽功能，加快天府新区和国家自主创新示范区建设，完善对外开放平台，提升参与国际合作竞争层次。强化城市规划建设管理，发挥自然因素在城市风貌特色塑造中的基础作用，提升城市形象。充分发挥成都的核心带动功能，加快与德阳、资阳、眉山等周边城市的同城化进程，共同打造带动四川、辐射西南、具有国际影响力的现代化都市圈。

培育川南城镇密集区。包括自贡、内江、泸州、宜宾的市区和部分县(市)，促进自贡—内江联合发展、泸州—宜宾沿江协调发展，建设成为成渝城市群南向开放、辐射滇黔的重要门户。

培育南遂广城镇密集区。包括南充、遂宁、广安的市区和部分县(市)，加强与重庆协作配套发展，建设成为成渝城市群跨区域协同发展示范区。

培育达万城镇密集区。包括达州市部分地区、万州、开州和云阳部分地区，加快达万综合通道建设，促进万开云一体化融合发展，建设成为成渝城市群向东开放的走廊。

5.2.6 哈长城市群一体化发展模式

哈长城市群于 2016 年 2 月 23 日由国务院批复，整体经济实力也较强，包括以哈尔滨、长春为核心的 11 个城市，国土面积约 26.4 万平方公里，是东北老工业基地振兴发展的重要增长极，其发展目标是：到 2020 年，整体经济实力明显增强，功能完备、布局合理的城镇体系和城乡区域协调发展格局基本形成；到 2030 年，建成在东北亚区域具有核心竞争力和重要影响力的城市群。

强化哈尔滨、长春两市的核心带动作用，有效发挥其他城市的支撑作用，建设哈长发展主轴和哈(尔滨)大(庆)齐(齐哈尔)牡(丹江)、长(春)吉(林)图(们江)发展带，构建"双核一轴两带"的城市群空间格局。

提升大庆、吉林等区域重点城市的支撑功能和区域辐射带动作用，大庆建设成为城市群区域中心城市；齐齐哈尔建设成为城市群西北部重要开放城市；绥化建设成为城市群北部重要节点城市；牡丹江及绥芬河建设成为对俄合作开放示范城市；吉林建设成为长吉图发展带区域性中心城市；松原建设成为城市群西南部门户城市；四平、辽源建设成为城市群南部重要节点城市；延吉—珲春建设成为图们江区域合作开发的桥头堡。

加快构建高效快捷的综合交通运输网络体系、配套完善的水利设施体系、安全清洁的能源保障体系、资源共享的一体化信息网络体系，增强城市群发展的支撑和保障能力。构建覆盖全域的公路网络、构建安全畅通的水运网络、构建便捷高效的空运网络、加快交通综合枢纽建设。其中铁路方面推进以哈尔滨、长春为核心的高速铁路及区域连接线建设，优化路网结构，扩大城市群路网规模，努力构建以哈(尔滨)大(连)线、牡(丹江)通(化)线和珲(春)乌(兰浩特)线、齐(齐哈尔)牡(丹江)线为主干线，以覆盖50万人以上城市的高速铁路为主、实现各区域有效连接的普速铁路为辅的网络化现代化铁路运输格局。空运方面，推进哈尔滨太平机场、长春龙嘉机场改扩建，推进绥芬河、松原机场新建，延吉机场迁建，齐齐哈尔、大庆机场改扩建等支线机场建设工程，拓展国内航线和城市群内支线航线，优化航线网络。规划建设若干重要特色节点城镇的通用机场。

5.3 经验及启示

通过对国内外城市群的发展历程的客观研究及分析，得到的经验启示主要有以下六点。

5.3.1 核心城市的辐射带动作用是形成城市群的重要引擎

美国东北海岸城市连绵带上，纽约是当之无愧的龙头老大；北美五大湖区城市群中，芝加哥是公认的核心；英格兰东南部城市连绵带上，伦敦是经济的领头雁；欧洲西北部城市群中，巴黎的威望无以复加；日本东海道城市连绵带上，东京是跳动的心脏。国内长三角地区，龙头上海带动两个亚中心——南京和杭州，每个城市各尽其责，并发挥自身优势，在资源上相互匹配，形成了一个大长三角的发展模式。而核心城市应集聚金融、专项管理服务等第三产业，金融、保险、专项管理等为生产者服务的第三产业不同于商业餐饮等为消费者服务的第三产业，它们必须依赖大规模的生产企业而生存。单个城市由于制造业等生产企业在产业发展中份额的萎缩，已不足以吸引大规模的金融服务业等的集聚。但城市群中的核心城市则不同，在城市群中，核心城市的制造业份额尽管也在缩减，但已经很好地转移到了周边的次级城市，因此核心城市仍能吸引大规模的为生产者服务的第三产业。核心城市实际上起到统筹兼顾与引领发展的作用，是带动城市群发展的重要增长极，其往往具有技术、产业、人才、信息、资金等方面的优势，能够率先集聚优势资源和要素，然后向腹地和外围进行扩散。

5.3.2 城市群一体化发展有产业支撑是城市群能够发展壮大的内在动力

争取在保护和继承城市群传统特色产业的基础上，积极争取向现代化产业转型升级。国外五大城市群中很多地区是自工业革命开始就发展形成的老工业基地(如曼彻斯特、鲁尔区各大城市、五大湖各城市等)，这些地区最初是依托当地的煤炭、铁矿资源发展起来的重工业基地，当生产资料更新换代之后，能够及时调整产业结构，完成了现代化新兴工业城市的重建。在产业革命的同时，各大城市群均不忘传承和发扬传统特色产业(如巴黎的时装业，京都的传统陶瓷、纺织业，伯明翰的金银珠宝制造业等)。这些特色产业在城市群总体风格一致的同时，很好地打造了群内城市产业的差别性和多样性，同时也体现了城市发展对历史的尊重和继承。总之，工业化带动城市化是城市群发展的重要规律和特征，城市群是工业化进程中区域发展在地理空间形态上的高级表现形式。所以说工业化是城市群发展的基础和先导，是强大的内源动力。

5.3.3 保持城市群相互之间合理的、高效的分工协作

城市群内各城市应注重良性合作与错位竞争，城市群总体产业结构应呈现横向集聚分类、纵向链化分层的特征。根据各核心城市的主导产业不同则势必形成不同的产业集群，相同的产业集群内不同层级的城市产业分工又有所不同。如美国纽约都市圈中：纽约的主要支柱产业为金融保险、管理广告等第三产业，港口用于集装箱运输，扮演着群内金融经济制高点的角色；费城是钢铁炼油造船中心，港口主要负担近海航运；大学城波士顿领军高新技术产业，研发实力不容小觑；华盛顿施行单一行政职能，支柱产业是以办公为主的印刷业等；巴尔的摩主导有色金属冶炼，是群内另一个工业制造中

心。即使城市群内细分区域内的产业存在雷同，其所占比重和发展重心也不同。这样分工明细又兼顾合作的产业结构能够避免群内城市产业趋同而造成的无谓内部竞争和资源浪费，同时也有利于资源的配置和城市群总体经济实力和社会形象的提升。分工协作历来是城市群得以形成的重要基础，没有一个好的产业分工协作，城市群就不可能有机地聚集在一起，反而会出现城市之间的恶性竞争，城市群内部的重复布局。

5.3.4 拥有完备、高效的基础设施和网络体系，形成对城市群发展的重要支撑

城市圈的联合发展，交通是首要问题，其余如住房、环境、产业结构等则根据各自情况不同而有先后。任何世界级的城市群，一定拥有属于自己的"黄金走廊"，而且从中心到边缘的时间，不能超过 2 小时，否则就称不上一个真正的城市圈。国外几大城市群几乎占尽了各国以及各地区地理条件最优良、配套设施最先进的港口、交通枢纽和国际空港。如美国东北海岸城市连绵带(纽约港、费城港)、北美五大湖城市群(五大湖便利水运、多伦多港及空港)、日本东海道城市连绵带(成田、羽田、关西空港，东京湾港口群，名古屋港)、欧洲西北部城市群(世界第一大港鹿特丹)、英格兰东南部城市群(伦敦空港、利物浦港)等。如果没有配备立体和完善的交通体系，难以想象城市群这一庞大的资源和产品集散地内的要素该如何运转和流通。城市群的港口、空港和陆地运输的吞吐能力和规模设施也能在一定程度上从侧面反映其经济和制造实力。我国很多地方也都有一条口号叫"要想富先修路"，基础设施对城市群的地域结构具有非常重要的制约或引导作用，城市之间要开展合作，要形成各具特色的劳动地域分工体系，必须要拥有便捷、高效、配套、完备的基础设施网络。

5.3.5 寻找共同文化归属是促进城市群团结奋进的纽带

文化归属是维系大家感情的最重要纽带，漂泊在外，心灵的归属显得尤为重要。在"地球是平的"时代里，印度直接与英语拥抱其实是他人的榜样。深圳为什么得到许多精英的关爱，就是因为深圳是一个彻底的移民城市。在一个全球化时代，地域文化的式微还是不可避免的到来，没有共同的文化归属，城市群再融合也是一种强制与表象的融合，只有文化的相通才能将各城市从血脉上连接在一起。芝加哥城约有 300 万人口，整个地区的总人口则超过 800 万。其中包括伊利诺伊州 6 个县，280 多座城镇。这里的一些

社区有 150 多年历史，甚至比芝加哥城还要历史悠久。之所以把这个区域称作芝加哥大都市区，是因为有一种属于芝加哥的归属感。北美五大湖都市圈通过教育让公众有全局观，理解地区的意义，抛弃地方意识，让大家感觉同归属于芝加哥。过于强势的地域文化对城市发展并不利，城市群最终的融合还是文化上的融合，当然这并不是说要消除地域文化，只是希望强化共同文化的认知。寻根溯源，西安作为十三朝古都，悠久的周秦汉唐文化势必拉近关中城市群内各城市间的距离。

5.3.6 民间经济组织是促进城市群发展壮大的星星之火

从美国城市群发展的经验来看，达沃地区这样的城市群被称为 metropolitan area(大都市地区)。美国经济主要集中在这些城市群，尤其是外贸方面，这些城市群更是起主导作用。为追求最大共同利益，达沃地区内的城市共同发起成立了"大达拉斯经济发展委员会"。这是一个民间组织，该组织领袖并非由政府官员担任，"经济发展委员会"的专职管理和行政人员也都曾在公司任过要职，"经济发展委员会"的董事会成员都是一些大公司的主管。"经济发展委员会"实行会员制，达沃地区公司大多是会员。由于是民间组织，该组织并不负有政府计划的功能，而是按市场的需要发挥协调作用，并为整个达沃地区的经济发展作咨询和规划。协调本地区的经济发展，并在全美和国际上积极推销达沃地区。在中国的长三角地区，行业协会这种民间组织也很发达，近年来，上海的行业协会以每年 20 家的速度增加，近一半协会的行业代表性超过 50%。各行业协会按照"依托腹地，服务腹地"的要求，与苏浙两地行业协会开展了多种形式的交流合作，虽时间不长，但成效已经开始显现。既可以实现资源共享，又可以提高经济效益。协会一体化能解决一些因行政壁垒带来的市场分割或重复建设问题。行业协会间的合作不仅共享资源，还可共对危机。这是政府行政指令所难以做到的。建立跨区域的同业行业协会，可协调城市群内的竞争机制，通过自治和自律的方式规范企业，倡导企业间的良性竞争，达到全区域内行业资源的优化配置。另外，由行业协会承担区域行业内相关标准、资格认证和质量检测方面的统一制定和执行工作，比政府部门间合作的效率要高得多，成本也低得多。当然，城市群的发展离不开政府推动，至今为止，政府还是推动企业发展的最大动力，但由于政府职能不断转变，现在不再直接管理企业，这些"管理空白"部分交还市场和企业，部分将由行业协会填补，只有尽快实现优势互补、强强联合，才能应对挑战。

第

关中平原城市群经济社会高质量一体化发展的战略构想

6

章

6.1 差异化定位及发展阶段分析

关中平原是华夏文明重要发祥地，是古丝绸之路的起点，承载着中华民族的历史荣耀和厚重记忆。关中平原城市群发展基础较好、发展潜力较大，具有承东启西、连接南北的区位优势，在国家现代化建设大局和全方位开放格局中具有独特战略地位。培育发展关中平原城市群，推动全国经济增长和市场空间由东向西、由南向北拓展，有利于引领和支撑西北地区开发开放，有利于推进西部大开发，有利于纵深推进"一带一路"建设，更是解决我国现阶段发展不平衡不充分问题的关键所在。

从发展定位来看，关中平原城市群的发展目标是要建设具有国际影响力的国家级城市群，内陆改革开放新高地，向西开放的战略支点，引领西北地区发展的重要增长极，以军民融合为特色的国家创新高地、传承中华文化的世界级旅游目的地，内陆生态文明建设先行区。通过优化区域产业布局，以产促城、产城融合和城镇体系网络化发展，以产业体系大发展助推城市群乡村振兴与新型城镇化协调融合发展，进而大量吸纳人口就业，实现在更高层次更广层面的大发展。树立系统思维、强化全局意识，统筹谋划生态保护、基础设施建设和经济高质量发展，立足西部、放眼全国，尊重规律、顺势而为，以深度融入"一带一路"建设、推动西部大开发形成新局面为统领，以绿色永续发展、资源集约利用为基础，以创新驱动发展、产业有机融合为动力，以传承文化特色、展现中华风貌为依托，使其真正成为一个立足西北、面向全国、辐射全球的具有重大经济文化影响力的城市群。

在基础指标方面，截止到 2018 年底，关中平原城市群常住人口数、GDP总值和城镇化率等明显低于沿黄 7 个城市群的平均值，城市群内还有较大的发展空间。同时也面临着城市群内中心城市辐射带动作用不强，城市数量总体不足、开放合作层次不高、创新潜力有待深入发挥、生态系统相对薄弱等突出问题。目前关中平原城市群内经济社会一体化尚未形成，交通协同建设、产业协同发展尚在初步探索阶段，因此，关中平原城市群目前尚处于初级发展阶段。

关中平原城市群经济社会高质量一体化发展是要发挥城市群内各城市区位、科技、教育、产业、生态、能源资源等方面具有的独特优势，同时发挥中心城市的引领作用，统筹规划，以基础设施建设为先导、以重大项目实施为支撑、以特色产业发展为基础、以体制机制创新为抓手，从宏观上要实现经济一体化、文化一体化、生态一体化、社会一体化及社会保障一体化等，从微观上要实现居民生活出行、旅游娱乐发展等一体化。努力构建空间结构清晰、城市功能互补、要素流动有序、产业分工协调、交通往来顺畅、公共服务均衡的国家级城市群。

6.2 西安在关中平原城市群一体化发展中的多元作用

6.2.1 作为国家中心城市的引领作用

西安不仅是陕西省的省会城市，同时也是西部区域国家中心城市，是新丝绸之路经济带桥头堡，更是关中平原城市群发展的"领头羊"。西安是一个有巨大影响力的综合性大都市和关中平原城市群的核心城市，在引领西北地区的发展中，西安作为最重要的节点城市，具有沟通西北主要经济区的综合性交联通道，同时集聚人口、资本和科技等发展要素，更多地参与全球生产分工。目前，西安正处在历史上机遇最多的黄金发展时期，在"一带一路"倡议的推动下，在陆海国际联动、东西双向开放的新格局下，内陆中心腹地及其中心城市在国家战略板块格局中的地位逐渐上升，逐步成为国家系列战略部署的支点。西安作为关中平原城市群的核心城市，无疑要发挥国家中心城市的区域引领作用。

与此同时，国家全面创新改革试验区、国家自主创新示范区、中国(陕西)自由贸易试验区西安核心区和新一轮西部大开发等一大批国家战略在西安叠加推进，全面深化改革、中国制造 2025 等政策红利陆续释放，特别是陕西省委支持大西安建设，将西咸新区划归西安管理，将有效拓展发展空间、创新城市发展方式、提升城市能级、放大辐射效应，使西安自改革开放以来历史上第一次拥有了大西安的格局和体量。西安市要紧紧抓住十九大报告带来的重大发展机遇，要"强化面向西北地区的综合服务和对外交往门户功能，提升维护西北繁荣稳定的战略功能，打造西部地区重要的经济中心、对外交往中心、丝路科创中心、丝路文化高地、内陆开放高地、国家综合交通枢纽"。加快打造亚欧合作交流的国际化大都市，建设国家中心城市，全面引领关中平原城市群实现跨越发展。

6.2.2 作为西部地区国际开放门户的带动作用

《关中平原城市群发展规划》中明确指出，西安建设国家中心城市的具体目标是："西安综合经济实力和发展活力明显增强，参与国际竞争的功能显著提升，在全国区域发展格局和国家治理体系中的位置更加凸显。"

西安作为国家中心城市，要积极参与全球化竞争与合作，深度参与"一带一路"建设，主动融入全球经济体系，强化国际产能合作和国内产业对接，持续拓展开放合作广度和深度，构建全方位开放合作新格局，进一步提升城市的国际地位，同时引领和辐射带动关中平原城市群发展，打造区域中心极核。从发展战略导向来看，西安应重点提升经济影响力，打造西北地区的国际开放门户，同时关注国家科技、文化和体制等方面的发展，实现国际综合影响力的提升。

具体来说，西安一是要注重跨国生产性服务业总部和主要分支机构、本土跨国企业和主要分支机构的聚集，提高全球资本服务能力和对先进制造业的支撑能力；二是要推动链接全球的人流物流集散和信息港枢纽建设，依托航线联通、铁路贯通、公路畅通的综合交通网络，强化向西向北开放合作，打造新亚欧大陆桥和中蒙俄经济走廊衔接互动的重要平台，增强国际门户开放功能；三是要实现国家级高校科研中心、工程中心、产业创新平台的聚集，深化产学研结合、人才培养、科技成果转化等领域的国际交流合作，与中亚国家在能源化工、现代农业等领域联合开展技术攻关，重点打造具有国际影响力的国家产业创新和科技成果转化；四是要成为国际和国家级特色会展、博览、商贸、论坛和现代文化活动的聚集地，提升国际知名度和影响力；五是要加强城镇群层面的统筹协调，建立、完善城市群协同机制，增强对周边以及亚洲中部区域城市的辐射带动能力，吸引和利用全球资源，服务新的全球化产业发展。

6.2.3 在科技创新上发挥引领带动作用

一是发挥西安科技力量优势，构建关中平原城市群产业技术创新平台。西安的科技资源占全省 80%以上，西安应立足自身特色，坚持硬科技发展方向，先行先试，将"硬科技+"打造成科技新名片，大力推动核心技术发展。通过"四融合"(科技+金融、科技+服务、科技+教育、研究所+社会的深度融合)以及"四位一体"(人才+技术+资本+服务)的产学研深度融合发展模式，形成"人才聚集—资金投入—企业规模化发展—反哺科研和社会"的良性循环生态价值链及生态体系，构建科技创新研发中心，打造国际科技研发新高地。借助在航空产业上的科技优势，加快建设中国通用航空产业新高地。积极争取国家政策、项目、资金等方面支持，加快国家通用航空产业示范区建设，抢占通航产业发展先机，推动城市群航空产业发展实现新的跨越。

二是建设国家军民融合产业创新示范基地。实施"机制创新、转化平台、产业金融"三大军民融合创新工程，建设军民融合产业创新示范基地。加快推动军工科研院所分类转制、军工企业股份制改造和混合所有制改革，提高军工资产证券化率，培育一批有竞争力的创新型企业。加快推进陕西军民融合创新研究院平台建设，打造集国家军民融合智库、军民两用前沿技术布局和研究，创业投资、孵化及系统集成创新为一体的技术创新平台。与中国国防科技工业协会共建军民融合技术应用协同创新中心，设立军工"四证"受理点，建立军民信息共享机制。积极发展与军工技术同源的民用技术及产品，培育警用装备、应急安全、反恐与维稳等"大安全、大防务"产业。深化和扩大"民参军"，打造一批从事军品整机和关键系统研制生产的龙头骨干企业。

6.2.4 在城市化推进上发挥辐射带动作用

一是加快建设国际化大都市。西安市要以自由贸易试验区建设为契机，充分发挥全省唯一的国际贸易"单一窗口"和"企业走出去一站式综合服务窗口"等平台载体的作用，借鉴、复制、集成先行区成功经验，不断深化完善外商投资负面清单制度，积极争取保税物流中心升级为保税物流区。完成西安市开发区、西咸新区和咸阳市相关区域的功能定位梳理划分，努力把大西安建设成历史与现代交相辉映、传统与时尚完美融合、胸怀整个关中平原城市群的国际化大都市。

二是推进城镇一体化建设。科学规划和建设关中平原城市群，推动城乡统筹协调和共同发展。统筹人口、产业、交通、资源等要素，协同推进规划建设、城镇建设和产业布局。加快基础设施建设，加强互联互通，形成支撑整个城市群、辐射周边的交通、水利、电力、信息等网络系统。完善新型城镇化健康发展的体制机制，建立健全城镇一体化建设和管理体系。统筹开展关中平原城市群新型城镇化、中小城市综合改革、小城市培育、产城融合等试点，协同推进中小城市、县城、特色小镇等的建设，加快大中小城市和小城镇协调发展。

6.2.5 在产业协同发展上发挥示范引领作用

一是促进产业发展方向的差异化。依托西安科教资源和全面创新改革试验区优势，发挥组织、带动作用，正确处理和协调各城市关系，加强产业规划衔接，全面考虑关中平原城市群产业发展现状，推动产业链合作，加快生产要素的流通和重组，深化各个层次和各个环节的专业分工与协作，造就大型企业，构筑关中平原城市群产业集群，实现联合发展。促进城市群主要城市的优势产业与其他市深化协同创新，做强特色产业，加快形成关中各具特色、优势互补、创新引领的现代产业体系。

二是推动产业发展的一体化。围绕关中平原城市群产业结构调整，支持民营企业主动参与区域特色优势产业、战略性新兴产业、现代服务业等协作配套，积极参与国际产能合作，不断提升区域产业发展活力。支持园区建设，引导相关企业向相关产业园区集聚，为经济发展增添新动能。重点发展资源深加工、食品轻工、大工业配套和劳动密集型产业，大力发展金融服务、商贸物流、特色旅游等现代服务业，加快工业化进程。

6.2.6　在基础设施完善上发挥支撑保障作用

一是建设大关中平原城市群金融中心，构建层级网络化金融服务体系。浐灞金融商务区是西安区域性金融中心建设的重要载体，是西安国际大都市的金融核心区、关中—天水经济区金融服务支持基地、中国西部区域金融创新实验区。为吸引大量国内外金融机构、大型企业和跨国公司设立地区总部，应不断完善金融基础设施，创造良好的金融氛围，形成金融集聚区，激发企业发展活力。成立产业金融服务中心，为企业提供更多的股权、债权等直接融资服务产品，并积极探索构建层级网络化的创新创业投融资服务体系，全力打造金融科技产业融合创新基地。

二是打造中国西部物流集散中心。现代智慧物流是"互联网+"行动的典型代表，能够创造新供给、带动新需求。借助京东全球物流总部、无人系统产业中心、云运营中心三大项目落户西安航天基地的契机，以西安航天基地为载体，在无人机通航物流体系的建设和运营、无人机低空空域方面开展试点工作，构建空中高速公路，实现低空飞行器有序规范运行，为全国通航物流运营管理提供数据依据，加快物流基础设施规划和物流信息平台建设，加快现代物流园区、金融聚集区建设，健全物流业规范和标准，推动西安商贸物流产业大发展，构建经济发展的新动能，服务我市乃至关中平原城市群产业转型升级，实现物流一体化。

6.2.7　在科教资源整合上发挥积极集聚作用

众所周知，西安是一个科教资源十分丰富的城市，要依托西安科教资源方面的优势，通过科教资源整合实现科技与经济的高度融合，真正以创新驱动关中平原城市群经济增长。

一是要选准科教资源整合的方向。西安的科教资源丰富，但这并不意味着所有的科教资源都与城市群经济社会的当前发展目标相吻合，因此要作出选择，提高资源的整合效率。围绕关中平原城市群的结构特征，以关键技术为主导，培育龙头企业，突破关键核心技术，使得相关技术群不断创新和发展，推动龙头企业的成长和产业结构的调整。政府或大型集团应引导集中一批资金，通过招标等市场运作，委托科研院所、高校、企业协同研发，实现关键技术的突破。在此基础上，培育龙头企业，形成以主导产业为目标的新产业群。

二是要优化科教资源整合的平台。科教资源整合涉及官、产、学、研、金等各方主体，需要有科技企业孵化的平台、成果转化的平台、技术交易的平台、科技交流与技术转移的平台等的支撑。要注重特色，错位发展，每个城市要找准自己在城市群发展中的定位，以西安带动整个城市群进行科技产业集聚，做好科技成果转化和高新技术企业的集聚。要培育重点产业，打造品牌形象，通过政策制定、资源配置、服务内容、人才培养等方面的创新打造有一定影响力的科技城市群。

6.2.8　在新兴产业发展上发挥创新推动作用

创新驱动发展，新产业革命对发展新动能贡献度日益提升。从三次产业结构看，我国经济已经从过去的主要依靠工业拉动转为工业、服务业共同拉动。新兴行业对于城市群的发展起着关键的作用。

一是要集中优势资源，制定实施攻关计划。瞄准关键核心技术和重点产业进行定向突破。加强城市群内资源整合，突出集成电路、AI、生物医药等领域亟须采取重大工程的联合攻关形式，精准实施"卡脖子"攻关计划。不断完善城市群内创新体系，提升自主研发能力，加快形成以企业为主体、"产学研用"一体化发展的创新机制。注重发展前沿技术与产品，如无人驾驶汽车、增材制造、生物技术、量子计算与通信等。加强高铁、5G、电力等装备的创新发展，获取并保持领先优势。推动部分领域迈向技术领先，如新能源汽车、海洋工程装备、机器人等。

二是要打造产业集群，提升竞争力。促进产业迈向全球价值链中高端，培育若干先进制造业集群。变革发展动力，优化资源配置，科学营造产业集群的创新发展环境。积极参与产业合作与竞争，注重进一步扩大战略性新兴产业的开放力度，加强与其他科技及产业的合作交流并力争协同发展，深度融入全球价值链分工体系。因此，建议在以下几个战略性新兴产业发展方向上持续发力，建立健全产业链。首先是 3D 打印方向，可以依托国家增材制造创新中心，加快材料、数字化设计、快速成型、关键部件等技术的开发应用，面向航空、航天、汽车、船舶、医疗、文化创意等重点行业，加快 3D 打印产业化。其次，在生物医药方向，重点突破单克隆抗体、多肽药物、控缓释制剂、靶向制剂、良种繁育等一批重大关键技术，构建生物检测试剂、创新药物、组织工程、现代中药、航天生物育种等产业链。再次，在新材料产业方向，推进钛、铝镁合金产业链向高端化发展，加快超导、陶瓷基产业化步伐，攻克石墨烯、纳米材料、生物基材料等相关技术，建设全国重要的新材料基地。最后，在集成电路方向，依托光电子集成电路先导技术研究院等研发平台，突破芯片设计、封装测试等关键核心技术，建设全国的集成电路基地。

6.2.9 在经济转型上发挥引领带动作用

一是要以创新为动力，着眼于助力城市群经济转型。要从过去以"地"谋发展的思维定式，转到以"链"谋发展、以"数"谋发展上来，加速引导要素、企业和市场的互通循环，通过技术、数据、生态、金融、人才等赋能，以产业链构建城市群内供应链金融、畅通物联网和市场循环，优化产业生态链。

二是要引导搭建各类文化产业公共服务平台，提供投融资和交易、市场中介服务、国际文化贸易等服务。要用"招大商"的方式强化产业链，用数字化构建产业链，用区块链构筑产业链，推进产业链建立。要发起设立"一带一路"先进制造业产业链人才联盟，健全从研发、生产到管理的多元人才培养体系。

6.2.10 在金融协同发展上发挥助力推进作用

一是完善城市群内金融制度设计。西安作为国家中心城市，要坚持统筹发展原则，针对关中平原城市群金融资源在地理空间上分布不均衡等问题，应完善金融协同发展制度设计、协助明确各城市金融发展定位、促进金融产业转移及对接，促进金融要素自由流动、金融市场自由开放、金融发展相互促进。以市场主导为基础，通过政府引导，建立区域协调机制，包括设立区域性监管机构与协调机构，带动、鼓励金融合作和协同发展。

二是推进区域金融市场良好有序发展。大西安要优化城市群内金融资源合理配置，针对关中平原城市群"各自为战"现状，打破行政壁垒，制定符合大市场要求的区域金融竞争、合作规则，搭建统一开放、竞争有序的区域金融市场体系，消除市场分割并促进金融要素自由流动。完善金融基础设施建设、区域金融服务网络，提升区域金融联系程度，打造关中一体化金融服务圈。

三是积极防范系统性金融风险。关注城市群内资源聚集、金融创新、民间资本等潜藏的风险。加强民间非法集资活动监管，通过广泛宣传、及时发现、严厉打击确保不出现严重的案件。加强监管协作，针对关中平原城市群协同发展背景下金融风险传递可能出现的新特征，提高风险监测、预警和应对能力，有效降低区域性、系统性金融风险。

6.3 关中平原城市群经济社会高质量一体化发展思路

6.3.1 总体战略思路

宏观方面，在区域层面加强与城市群内其他城市协同合作，逐步推进区域经济社会高质量一体化发展。按照"一核、三带、五外围"的空间发展战略，形成以西安为核心，辐射范围形成三个圈层。在产业一体化发展中坚持先易后难的原则，逐步形成全方位的产业合作。首先加强关中平原城市群在旅游一体化、生态环境保护、产业技术协同创新、区域金融服务一体化等方面的合作，在此基础上，将产业合作的范围进一步扩展到装备制造业，之后逐步推进农业等产业领域的合作，最终形成关中平原城市群多层次、全方位的一体化合作，构建关中平原城市群产业发展联盟，促进产业全方位一体化发展。经济社会一体化的"高质量"更多体现在城市群产业一体化的程度上，并且两者呈正相关关系。在科技发展上充分发挥西安作为城市群"研发中心"的作用，为关中平原城市群的发展提供智力支持。西安科教资源丰富，创新实力雄厚，综合科教实力居全国城市第三，居西部之首。雄厚的科教资源、丰富的科技人才及创新发展基础的增强为西安建设城市群"研发中心"提供了支撑。城市群内以建设规划一体化为基础，保证城市群内统一规划、统一标准，进而实现城市群内公共服务的一体化和社会管理的一体化，推动关中平原城市群经济社会高质量一体化发展。

微观方面，按照"区域协调，分步实施，统筹发展，量质并重"的原则，关中平原城市群经济社会高质量一体化发展应分为三个阶段分三步走。

第一阶段即近期阶段，加快培育重点行业的领军企业，推进重点产业的集群化建设。强化科技体制机制改革，深度推进军民融合发展，打造新兴科技主体，尽快建立以企业为主体、市场为导向、产学研相结合的技术创新体系。全面推进"1235"立体化交通网络(这里把 1 小时关中城市群内交通网、2 小时到达周边区域核心城市交通网、3 小时到达全国主要城市交通网以及 5 小时到达亚欧重点城市的交通网络概括为"1235"立体化交通网络)建设。培育壮大新型农业经营主体，推动农村三产融合发展，加快农业农村现代化建设及新型城镇化建设。到 2020 年年末，大西安全面建成小康社会，经济总量突破万亿大关，全球"硬科技"之都初具雏形，建好国家中心城市，向具有历史文化特色的国际化大都市迈进，振兴大西安，为实施国家战略和陕西追赶超越做出西安贡献，以大西安为核心的关中城市群产业协同发展形成良性循环。

第二阶段即中期阶段，从 2021 年到 2030 年，利用 10 年左右的时间，全面发挥大西安在关中平原城市群中的核心地位和作用，统筹关中平原城市群产业协同发展，科学合理规划城市群产业空间布局，进一步提升重点产业集群的核心竞争力，形成中高端产业链。明确不同城市在区域空间上的功能定位，全面完善关中平原城市群立体化交通网络建设，"1235"立体化交通网络基本形成。强化"人才新政"建设，打破体制机制障碍，优化配置科技资源，推进"硬科技"成果转化，全面打造面向关中平原城市群产业发展的大西安科技创新支撑平台。加快统筹城乡一体化发展，进一步完善农业农村现代化建设。到 2030 年，大西安成为亚欧合作交流的国际化大都市，全球"硬科技"之都基本建成，新型城镇化的关中模式基本形成，大西安建成我国军民融合深度发展示范区。

第三阶段即远期阶段，从 2031 年到 2050 年，利用 20 年左右的时间，进一步提升重点产业集群的国际竞争力，并向产业链的高端迈进。以"一带一路"建设为重点，坚持引进来和走出去并重，进一步完善围绕关中平原城市群的立体化国际化交通网络体系建设，促进配套功能从关中向全省、全国和国际延伸，形成立体化智能化大流通体系。深化金融体制改革，增强金融服务实体经济的能力，全面完善西安丝绸之路金融中心建设。牢固树立绿色发展理念，加快建立绿色生产和消费的法律制度及政策导向。到 2050 年，把大西安打造成国际化的开放之都，丝绸之路国际金融中心，全球知名的"硬科技"之都，中国一流、世界知名的文化名城，美丽和谐的生态宜居之都。

6.3.2 战略目标

1. 构建关中平原城市群利益协调机制

1) 制定区域实施计划及方案

城市群内各市要集中力量探索关中平原城市群经济社会高质量一体化发展的对策路径，制定区域实施计划及方案，保证省市两级在大关中产业协同发展整体设计上"一盘棋""齐步走"。

2) 形成城市群统一市场体系

关中平原城市群包括金融市场一体化、土地要素市场一体化、技术和信息市场一体化等，消除区域内人才、资源、环境、经济和公共服务等要素流动壁垒，保证其在区域内自发流动和配置，如将城市群作为政府绩效整体考核对象，扩大考核范围，构建协调机制，打破区域隔阂，将产业引入到城市群范围内，都可以算作考核业绩，避免城市间抢夺资源造成恶性竞争。

3) 实现信息网络一体化

依托互联网技术、大数据，加快各市政府间信息系统建设，建立统一的软件平台和数据库，实现信息网络一体化。遵循市场化原则进行产业布局调整和优化，以各地现有产业基础和资源条件为起点，依照价格杠杆引导产业发展方向和规模。

2. 坚持旅游发展的"五统一"战略目标，推进旅游业发展

为全面贯彻习近平新时代中国特色社会主义思想和党的十九大精神，要以示范省创建引领城市群旅游发展，加快实现旅游发展现代化、旅游供给品质化、旅游治理规范化、旅游形象国际化、旅游效益最大化。推进旅游融合发展，构建旅游产业新体系。

1) 加强关中平原城市群旅游业协同发展，实现旅游线路一体化

发展"跨城治理"模式，合理开发高铁沿线城市特色旅游资源，培育一批旅游特色小镇。打造"大关中旅游名片"，树立"大旅游、大合作、大市场"的理念，增加整体旅游经济吸引力，充分考虑顾客需求，创建"一条龙"服务体系，实现"五个统一"，即统一旅游产品、统一定价标准、统一品牌建设、统一服务标准和统一营销推广。

2) 加强智慧旅游建设

强化旅游中心城市服务作用，开辟旅游发展新空间。加快游客接待中心

和旅游数据中心建设，促进旅游服务向多元化、特色化和精细化转变，逐步向标准化靠拢。大力推进智慧旅游城市、景区、饭店、乡村建设。加快旅游运行监测与应急指挥、旅游公共服务、政务管理大数据平台和信息平台建设，全面汇聚旅游行业信息和服务信息，实现旅游数据的统一采集、分析、处理和共享运用，服务游客、服务企业、服务决策，实现"一网知陕西，一机游三秦"。创建关中平原城市群旅游合作机制，实现互惠共赢。

3. 构建中国西部科技研发创新中心，打造全球"硬科技之都"

党的十九大报告指出，创新是引领发展的第一动力，是建设现代化经济体系的战略支撑。要着力发展实体经济，大力发展先进制造业，推动产业迈上中高端。为了积极贯彻落实十九大精神，加快创新驱动发展，建设科技强国，西安找到了一个有力抓手——"硬科技"。

1) 坚持硬科技发展方向，打响硬科技品牌

创新的核心是科技创新，而硬科技是科技创新的重中之重。硬科技是支撑我国战略性新兴产业的科技，是真正推动我国产业升级的科技，是有助于我国跨越发展的科技。大力发展"硬科技八路军"为代表的硬科技产业。立足西安优势产业，紧盯航空航天、光电芯片、信息技术、人工智能、新材料、新能源、智能制造、生物医药等产业集群，积极策划全产业链项目及招商活动。实施市与区县、开发区联动，引进一批硬科技龙头企业和骨干企业，支持引导细分领域内优势企业实现集聚、成链和集约发展。鼓励外资通过合资、参股、并购等方式参与西安地区企业改造和兼并重组。

2) 发挥西安科技力量优势，建设关中平原城市群科技研发中心

西安是关中平原城市群的核心，更是城市群的科技研发核心，目前陕西省 80%以上的科技资源和 90%以上的高校、科研机构等都汇聚于此。因此，西安完全有条件和能力聚集优势科技力量，建设与关中平原城市群优势产业相匹配的科技研发中心，为城市群内的主导产业提供强有力的技术支撑、产品研发支撑，以及数字化、智能化创新支撑。

在西安打造以硬科技为特色的关中平原城市群科技研发平台，要加快科技体制和机制创新，为科研技术人才提供优良的工作环境和待遇保障，加大从全球引才引智的力度，不断提升西安"硬八路"科技研发的创新能力和全球竞争力。

4. 加强产业集聚分工，构建现代产业体系

按照"优化一产、做大二产、做强三产"的思路，实施"产业竞争力提

升计划"，坚持做大总量与优化结构并重，传统提升与新兴壮大并举，统筹产业布局。在大力发展高新技术产业、装备制造业、旅游业、文化产业和现代服务业"五大主导产业"的基础上，进一步培育壮大现代和新兴产业，促进信息技术广泛渗透，加快三次产业融合发展，推动西安产业迈向中高端，构建具有较强竞争力的现代产业体系，如图6.1所示。

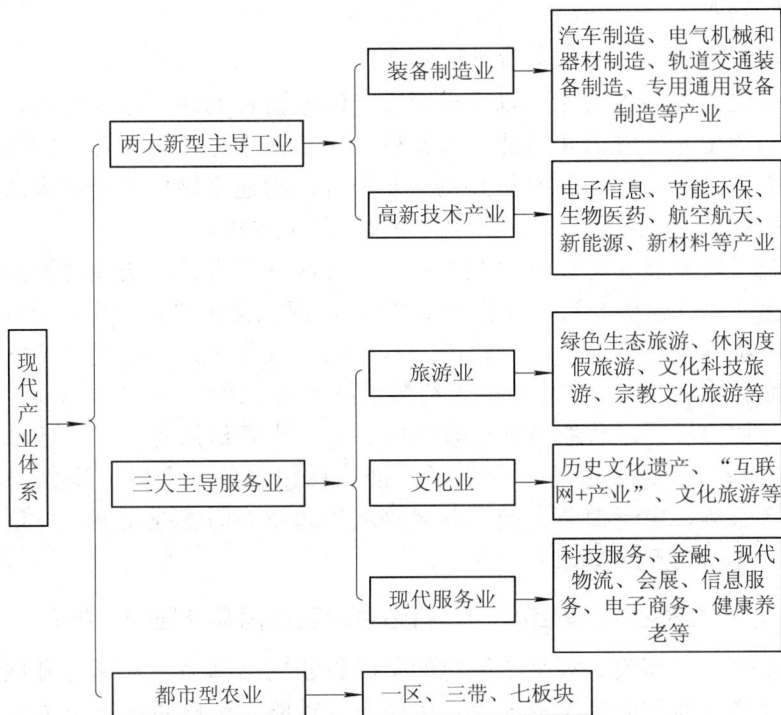

图 6.1　西安市现代产业体系结构框图

1) 聚力做大两大新型主导工业

一是做大装备制造业。深入实施"西安制造 2025"，以促进"互联网+制造业"为主题，推动工业化和信息化深度融合，用关键技术和先进工艺改造提升汽车制造、电气机械和器材制造、轨道交通装备制造、专用通用设备制造等优势产业，推进装备制造业智能化、绿色化、服务化发展。深入实施质量强市战略，推进西安制造业品牌建设，培育一批有国际竞争力的企业集团和品牌，确立装备制造业国内领先地位，把西安打造成国家重要的现代装备制造业基地。

二是做强高新技术产业。把握世界科技和产业发展方向，突出自主创新与市场培育，围绕数字制造、智能制造以及物联网、纳米材料、生物芯片、大数据等前沿技术，构筑战略性新兴产业发展新优势。以高新技术产业为引领，积极发展电子信息、节能环保、生物医药、航空航天、新能源、新材料等产业，致力打造半导体、智能终端等千亿产业集群，着力促进产业发展模式转型，提升工业竞争力和企业盈利能力，把西安市打造成全国重要的高新技术产业基地。

2) 着力做强三大主导服务业

一是聚集发展旅游业。以建设国际一流旅游目的地城市为目标，突出西安独特的历史人文魅力和自然山水特色，实施"大旅游"战略，完善城市旅游公共服务功能，推动旅游与其他产业融合，构建全域旅游发展模式，使西安成为华夏文明的展示窗口、全球旅游文化产业高地。

二是突破发展文化业。深度挖掘、整合西安丰富的历史文化资源，打造特色文化产业。积极发展"互联网＋产业"，深化文化科技融合，促进文化产业转型升级。发挥曲江国家文化产业基地的引领作用，加快提升西安文化产业的国际影响力，把西安建设成为丝绸之路文化之都。

三是加快发展现代服务业。以国家、省、市各级服务业综合改革试点为载体，打造一批特色服务业聚集区，推动科技服务、金融、现代物流、会展、信息服务、电子商务、健康养老等现代和新兴服务业发展，打造丝绸之路经济带现代服务业新高地。

5. 建设立体化交通网络枢纽，打造中国西部国际交通物流中心

构建平安、高效、智慧、绿色的基础设施网络体系，不断提升城市群基础设施互联互通和服务保障能力。以航空、铁路、公路重大项目为抓手，打造陆空一体、多式联运的综合立体交通网络。加快建设以西安为中心的"米"字形高速铁路网，实现周边省会快速到达，与长三角、珠三角、京津冀高效联通的目标。

1) 加快建设大西安"345"立体综合交通发展体系

西安应建立与国际化大都市要求相适应的一体化现代综合交通体系，建设"345"立体综合交通发展体系，打造国家级综合交通枢纽、西部地区门户枢纽、中国西部国际交通物流中心。"3"包含国家级枢纽、区域级枢纽、都市级枢纽；"4"是通过逐步优化铁路网、公路网、航空网和城市交通网"四张交通网络"，不断提升大西安区域运输服务能力；"5"是通过搭建综合交通云计算、综合交通协同管理、综合交通结算支付、公众信息服务、物流信息服务"五大服务平台",依托智慧交通管理手段,全面提升综合交通整体效能。

2) 依托大西安都市圈空间发展格局,实现关中平原城市群内"1 小时"交通圈、群外"2 小时""3 小时""5 小时"交通圈(即"1235"立体化交通网络)

依托大西安都市圈空间发展格局,加强各城市间交通互联互通,构建"跨市、跨省、跨国"的密集型交通网络,扩展国际航线,增强与国际大都市的衔接与联系,努力实现西安到关中平原城市群内城市的"1 小时"交通圈,西安到成都、重庆、武汉、银川、太原、兰州的"2 小时"交通圈,西安到北京、天津、上海、长沙、广州、深圳的"3 小时"交通圈,西安到中国香港、东京、新加坡、巴黎的"5 小时"交通圈。

3) 构建以大西安为中心的关中平原城市群铁路网

目前,关中平原城市群城际铁路网已纳入全国中长期铁路网规划调整方案,将成为铁路快速客运网的一部分,也是陕西省铁路中长期重点建设项目之一。"十三五"末基本形成了"米"字形高铁骨架网,经过多年发展,西安已具备构建一体化、现代化立体综合交通的基础,作为交通中心,随着郑州至徐州、宝鸡至兰州、西安至成都、西安至武汉、银川至西安高铁的相继开通运营,西安周边"米"字形高铁网将进一步完善,区位枢纽优势将更加凸显。

6. 建立健全金融服务体系,打造丝路经济带国际区域金融服务中心

关中平原城市群应建立健全金融服务体系,打造丝绸之路经济带桥头堡的重要承载区和国际区域性金融服务中心。通过金融的协同发展推动关中平原城市群产业布局和空间结构的优化,加快经济的转型升级。关中平原城市群金融协同发展,意味着整个关中地区的金融资源重组、金融一体化加深和金融产业重构,将给整个关中平原城市群特别是西安市金融业带来难得的发展机遇。西安市应抓住建设关中平原城市群的战略机遇,实现经济金融跨越式发展,更好地发挥对西北甚至丝路经济带的引领辐射作用。

7. 四化同步,城乡一体,全面推进新型城镇化建设

党的十九届五中全会提出到 2035 年基本实现社会主义现代化的远景目标,并将"新四化",即"基本实现新型工业化、信息化、城镇化、农业现代化,建成现代化经济体系"作为目标之一。这是继党的十八大提出"坚持走中国特色新型工业化、信息化、城镇化、农业现代化道路,推动信息化和工业化深度融合、工业化和城镇化良性互动、城镇化和农业现代化相互协调,促进工业化、信息化、城镇化、农业现代化同步发展",党的十九大进一步强

调"推动新型工业化、信息化、城镇化、农业现代化同步发展"之后，首次提出了新型工业化、信息化、城镇化和农业现代化"新四化"基本实现的时间点，同时也是党的十九大针对"贯彻新发展理念，建设现代化经济体系"做出重要部署之后，首次明确提出建成现代化经济体系的时间点。实现"新四化"是建设社会主义现代化国家的基本路径，也是开启全面建设社会主义现代化国家新征程的一项重要战略部署。

8. 以获得感和幸福感为指标，加强生态民生工程建设

1) 着力解决"上学难""看病难"等民生问题

教育问题，表象是"上学难"，更深层次的是它将影响城市群的未来发展、社会公平和城市稳定。解决"上学难"问题，应构建教育交流平台，建立教师资源"互换教学"的资源共享模式，提高教育资源相对薄弱学校的教学质量和教学水平，缓解名校学位紧张的压力。科学制定学校布局规划和校园基本建设规划，确保在旧城改造、城市新建小区、成片开发的城市新区、新型城镇化重点地区实现教育设施同步配套建设，实现就近入学。要解决"看病难"问题，首先要做好医疗卫生机构、医疗资源的合理规划和调配，鼓励医疗机构加大交流合作，共享优质医疗资源。强化基层保障，规范社会办医，增加居民生活的幸福感。

2) 加强环境污染整治力度

要着力提升宜居环境品质，牢牢把握生态文明的理念，加大对大气污染的治理力度，加大散煤控制，坚决打好治污减霾持久战，打赢蓝天保卫战。密切跟踪规划实施对区域、流域生态系统和环境以及人民健康产生的影响，重点对资源开发、城市建设、产业发展等方面可能产生的不良生态环境影响进行监测评估。大力推进城市环境综合治理，城市绿化面积、水生态面积、居民运动面积等要达到国家标准。在关中平原城市群内的生态优生区，打造一批绿色生态国际社区，促进生态文明向纵深发展。

9. 全面提升开放合作水平

城市群要以开放的"双循环"应对新变局，深度参与"一带一路"建设，主动融入全球经济体系，强化国际产能合作和国内产业对接，持续拓展开放合作广度和深度，构建全方位开放合作新格局。

1) 构建"双循环"新发展格局

要激发创新活力，推动"双循环"战略实施，要提升产业链供应链现代

化水平，大力推动科技创新，加快关键核心技术攻关，打造未来发展新优势。城市群内要大力提高消费需求和投资需求，强化要素循环，提高就业水平，增加城乡居民收入，破除和改革制约消费需求的体制机制，畅通国内国际消费。以科技创新为引领，鼓励支持各市政府加大核心关键技术的研发投入，探索更多政策优惠方式，引导城市群进行自主创新。加大重点领域人才支持和海外人才吸引力度，创新人才激励政策，激发各类人才的创造性和积极性。要充分发挥"一带一路"以及中国(陕西)自由贸易试验区的纽带作用，促进资金、技术、人才、管理等要素的跨境双向流动。

2) 打造国际化营商环境

打造国际化营商环境，在城市群内建立符合国际惯例和世贸规则的市场经济运行机制和体系。城市群要持续全面融入共建"一带一路"，加快建设内陆开放高地，不断增强全球资源配置能力。一是推进对外投资合作，优化对外投资产业结构，支持企业多元化拓展对外投资发展的空间。二是培育集聚开放型市场主体。以前沿科技城、空港工业园、创新经济走廊建成区为主要承载地，加快支持传统工业企业转型升级，抱团"走出去"进行境外投资。三是加强国际交流合作。创新合作机制，扩大政府和民间的友好往来，密切与"一带一路"沿线国家，白俄罗斯、芬兰等欧洲国家，泰国、菲律宾等东盟国家友好合作交流，构建以"一带一路"为重点的国际友好城市(地区)网络，引进一批国际高端展会和专业学术会议，不断提升关中平原城市群的国际影响力。

3) 深度参与"一带一路"建设

要构建立体开放通道。依托航线联通、铁路贯通、公路畅通的综合交通网络，强化向西向北开放合作，建设东西双向国际贸易大通道。要建设人文交流高地。深化产学研结合、人才培养、科技成果转化等领域的国际交流合作，加强教育国际合作交流，推进面向丝绸之路沿线国家的教育培训基地建设，发挥传统文化资源优势，搭建国际文化交流平台。要深化与沿线国家的经济交流合作，拓展跨境合作领域。

4) 建设高标准开放合作平台

要推进建设中国(陕西)自由贸易试验区，建设全面改革开放试验田、内陆型改革开放新高地，建立与国际投资贸易通行规则相衔接的制度体系，营造和完善市场化、法治化、国际化营商环境。持续打造国际交流平台，充分利用既有平台，继续办好农业高新科技成果博览会、丝绸之路国际博览会暨中国东西部合作与投资贸易洽谈会、欧亚经济论坛等具有重大国际影响力的论坛展会，提高交流合作层次，构建服务"一带一路"建设的国际合作新平台。

5) 加强城市群间交流合作

强化与东部沿海城市群有效对接。加强与京津冀、长三角、粤港澳大湾区对接合作，大力加强与东部地区在技术研发、生态环保、公共服务、投资、金融等领域的合作。强化与天津港、青岛港、连云港等东部重要港口合作，推动海、陆、空港口连接，实现陆海联动，加快通关一体化进程。加强与周边城市群合作。大力推动向西、向南、向北交流合作，加强与西北地区城市群协调互动，探索建立与长江中游城市群、成渝城市群合作机制，推进与中原城市群、山西中部城市群联动发展，实现与丝绸之路经济带沿线省(区)在战略规划、文化旅游、基础设施、产业发展方面的互惠协作。

第7章

推动关中平原城市群经济社会高质量一体化发展的对策建议

2020 年新冠肺炎疫情发生以来，全球绝大多数国家的经济发展都遭受了重创，国际局势动荡和不稳定日渐加剧，未来的疫情发展情况以及国际局势走向并不明朗。但是可以肯定的是，这次疫情给中国经济社会发展既带来了挑战又带来了重大发展机遇。从这个角度而言，新冠肺炎疫情对中国经济产生的冲击只能是暂时的，危与机往往相伴而生。中国经济正处于优化、调整和升级的关键期，新冠肺炎疫情带来的危机中可能蕴藏着中国经济发展的重大机遇。因此，关中平原城市群经济社会一体化发展也应该顺应国家发展的大势，加快自身经济结构的优化调整和转型升级，积极迎接疫情带来的潜在机遇。

7.1　构建关中平原城市群协调机制

将关中平原城市群建设成具有国际影响力的国家级城市群，这是一项长期、艰巨的任务。而政府作为经济运行的管理者和服务者，应顺势而为，创新发展理念和发展模式，抓住重大历史机遇，坚持"在发展中调整，在调整中提高"，通过制定符合产业发展规律、具有可操作性的产业规划和政策，从源头上引导和推动关中平原城市群经济社会一体化发展。构建关中平原城市群协调机制主要是成立一个领导小组，领导小组由三个层次构成：省级层面的协调联络会，市级层面的市长联席会以及一体化推进办公室。

7.1.1　组建省级层面的关中平原城市群协调联络会

由陕西省牵头，组建省级层面的关中平原城市群协调联络会，构建省级层面的关中平原城市群协调机制，协商推进关中平原城市群各行业协调发展、一体化发展，在此基础上进行有针对性的差异化发展、特色化发展。协调联络会可以下设决策委员会、专家委员会等部门。决策委员会由各省主管常务副省长、发改委主任、市长等组成，负责城市群发展中重大项目、工程及合作事宜的决策；专家委员会由国内外城市群研究领域的知名专家、学者组成，负责各类项目的调研论证，提供决策咨询。

在政策上，协调联络会应主动承担协调关中平原城市群经济社会一体化发展的任务，加快编制《大关中城市群经济社会一体化协同发展规划》，在对接经济社会一体化协同发展规划的基础上，各市集中力量探索融入关中平原城市群协同发展的路径，主动融入大关中城市群协同发展路线，制订区域实施计划及方案，保证省市两级在关中平原城市群协同发展整体设计上"一盘棋""齐步走"。

在实践上,关中平原城市群在各行业可专门设立特有的"产业联盟",比如"产学研合作信息服务平台""产业技术创新联盟""关中平原城市群科技实验室""产业发展市长联席会""关中平原城市群交通管理机构""关中平原城市群金融协作联盟会"等。

7.1.2 组建市级层面的关中平原城市群市长联席会

打破行政区划壁垒的制约,建立促进关中平原城市群一体化发展的市长联席会,全面完善大关中城市群组织领导机构的设置。市长联席会由各主要成员城市的市委书记、市长组成,负责各城市跨行政区划的重大基础设施建设、重大战略资源开发、跨区生产要素流动、生态环境保护及生态恢复重建等工作,促进城市间的相互沟通与合作。建立"关中平原城市群一体化发展的市长联席会",应由陕西省协调山西省、甘肃省政府共同参与,并以区域内各主要城市为主体联合管理。市长联席会可以下设产业协同联盟会、科技协同联盟会、交通协同联盟会等,对相关领域的一体化发展统一布局、统一规划,并对本领域的一体化发展负责。建立"关中平原产业发展投资促进协调机制",加速创新要素聚集,统筹协调重大项目布局,构建集设计、制造、关键零部件、售后服务为一体的完整产业链。

7.1.3 组建关中平原城市群一体化推进办公室

由关中平原城市群各市政府选派代表常驻西安,组建"关中平原城市群一体化推进办公室",由办公室着力协助推进关中平原城市群各行业协调发展、一体化发展。办公室负责组织各委员会会议及处理领导小组内部日常事务。领导小组每半年组织一次决策委员会会议、专家委员会会议和市长联席会会议,共商城市群发展中的重大问题。根据各市的比较优势,明确其职能和产业定位,由领导小组统一布局、统一规划、统一招商,建立特色产业集群。

首先,办公室要协调关中平原城市群协调联络会、关中平原城市群市长联席会工作的开展与落实,实现省市两级之间信息畅通,全面提高推进各行业协调发展的工作效率。其次,办公室应起到监督反馈的作用,保障关中平原城市群一体化发展目标快速落实,并能根据协同发展规划保质保量地完成目标。

7.2 构建关中平原城市群科技研发中心

国家在召开的"十四五"会议中提出："把科技自立自强作为国家发展的战略支撑，面向世界科技前沿、面向经济主战场、面向国家重大需求、面向人民生命健康，深入实施科教兴国战略、人才强国战略、创新驱动发展战略，完善国家创新体系，加快建设科技强国。"

未来关中平原城市群的产业结构应该是以高新技术产业、现代装备制造业和知识密集型现代服务业为核心，以高新技术产业为主导，以资本密集型产业和劳动密集型服务业为支撑的兼备合理化和高度化的产业结构。产业自主创新能力显著增强，支柱产业的国际国内竞争力强，产业关联度高，新兴主导产业的产业集群基本形成，这些都成为推进关中平原城市群经济社会一体化发展的主要推动力。

7.2.1 组建中试基地

硬科技是能培育高新技术产业、支撑现代化经济体系建设、促进实现经济高质量发展的关键行业领域内的原创性核心技术。"硬"字的特殊内涵在于支撑性，硬科技对产业创新和经济发展起着关键性支撑作用。硬科技范畴的新技术、新发明、新成果，给社会生产力和生产关系带来重大调整，深刻影响着全球产业和经济发展，对人类社会进步产生深远影响。没有高质量的科技供给，就没有高质量的经济发展，支持硬科技产业发展要从操作层面进一步完善。

首先是继续发挥政府作用，打破关中平原城市群体制障碍，合理配置科技资源，推进硬科技成果转化。以海纳百川的气度，"整合天下优秀科技成果，服务大西安建设发展"的胸怀，推进面向先进国家和地区的科技招商，承接国际硬科技成果的转移转化与产业化。组织高端的国际性赛事和峰会，收集全球硬科技成果，特别是经过海外孵化器长期培育、具有行业国际水准的项目与西安发展对接。加强关中平原城市群之间的联系，收集信息，从高校、科研院所、企业每年的重大科研成果中筛选硬科技成果转化与产业化储备项目，有计划有重点地加以支持。

其次是鼓励和支持大企业联合高校和科研院所，组建中试基地，促进硬科技成果的转化。要提供硬科技成果转化和硬科技企业孵化方面的专业服务，促进硬科技资源的自由流通和有效配置；要营造求真务实的作风学风，引导和鼓励更多科研人员致力于硬科技发展。对有产业化前景的硬科技项目，通过事后补助、奖励、"一事一议"等经济手段、行政措施重点加以支持。

7.2.2　强化人才新政建设

人才新政和人才强国战略一样，总体目标就是要努力造就数以亿计的高素质劳动者、数以千万计的专门人才和一大批拔尖创新人才，建设规模宏大、结构合理、素质较高的人才队伍，充分发挥各类人才的积极性、主动性和创造性，开创人才辈出、人尽其才的新局面。为早日实现关中平原城市群的经济社会一体化，实施人才新政政策应该主要从以下两个方面入手。

首先是科技资源和支持经费要向硬科技产业倾斜。从引进目标、人才引进、人才培养、奖励激励、服务保障等方面加大政策支持力度。积极推进国家"千人计划"和陕西省"百人计划"，新建人才平台和载体，建设留学回国人员创业孵化基地和海外人才离岸创业基地，吸引海外优秀人才，引进和培养一批具有国际水平的战略科技人才、科技领军人才、青年科技人才，以及优秀的创业团队、创新团队。

其次是建立硬科技高端人才服务机制。加强服务保障体系建设，从落户、住房、就业及个人所得税优惠等方面支持优秀青年科技人才创新创业，为百万大学生留在西安创业就业创造条件，真正使硬科技人才能够引进来、留得住、有作为，从而把西安建设成关中平原城市群科技创业和人才聚集高地，为硬科技发展提供强有力的人才支撑。

7.2.3　积极推行"大学+"发展模式

西安科教资源丰富，创新实力雄厚，综合科教实力居全国城市第三，居西部之首。雄厚的科教资源、丰富的科技人才及创新发展基础的增强为西安建设城市群"研发中心"提供了支撑。建设技术创新合作组织体系，发展一批企业主导、产学研紧密结合的创新产业联盟，这将有助于关中平原城市群多层次、全方位、一体化发展。

首先是建设"校企合作平台"，深化院校产学研合作，提高硬科技成果市场转化率。依托西安交通大学、西北工业大学及西安电子科技大学等高等院校，积极推动西安交通大学西部科技创新港、西北工业大学翱翔小镇、西安电子科技大学西部电子谷等重点项目建设，在新兴产业各领域建设和完善一批工程实验室，为产业发展提供基础研究和原创技术。

其次是加强关中平原城市群建立政、校、企相互合作机制，合作成立"技术创新联盟组织"，搭建"关中平原城市群产学研投用合作平台"。通过建立"产学研联盟"，形成优势互补、协同创新、利益共享的稳定、高效的科技创新集合体，凝聚和培育创新人才，加速技术推广应用和产业化进程。支持高校院所、军工集团、重点企业和各区县、开发区建设"众创载体"，通过建设一批高水平、专业化的众创空间，提高企业技术创新能力。支持高等院校利用工程研发中心、重点实验室、产业研究院等创新平台，建立成果转化和人才创业平台。对具有明确市场前景、贴近实际应用的项目，应由企业为核心牵头组织，高等院校和科研院所共同参与，协同技术攻关，采取政府资助，高校、科研院所和企业共建的原则，加强工程研究中心建设，进一步提高产业的整体技术水平。

最后是强化关中平原科技协同创新顶层设计，建立关中平原城市群科技部门协同工作机制，加速区域内知识流动、资源共享和技术转移。大力推进技术创新工程，构建"共性技术平台"，强化企业创新能力建设，突破制约产业发展的关键核心技术，不断完善利益与风险匹配机制，建立共同投入、联合开发、利益共享、风险共担的运行机制。

7.2.4 构建产学研合作信息服务平台和产业技术创新联盟

大力发展新兴产业，有利于将潜在的科技和资源优势转化为现实的产业优势，实现产业结构优化升级，提升整体产业的竞争力。在统筹规划的基础上，通过深入研究战略性新兴产业成长和发展的基本规律、总体趋势，选准适合关中平原城市群总体产业结构调整的新兴产业，集中政策资源，倾力打造一批特色鲜明的新兴产业集群。

首先是实施创新驱动发展战略，促进关中平原城市群高新区创新驱动、战略提升。大力构建"产学研合作信息服务平台"和"产业技术创新联盟"，强化创新型人才培育和引进，构建起较为完善的科技创新体系，并以此推动优势产业集群发展，形成核心竞争力。关中平原城市群各个高新区应该结合自身实际确定发展目标，同时要进一步加强对各高新区分类指导，站在关中平原城市群角度整合高新区资源，既有点的布局，也要连成线和面，使各高新区之间互相学习、取长补短。

其次是高新区要提高自身的发展能力和水平，坚持既定的发展目标，提高科技创新能力。不断健全高新区科技创新服务体系，打造一批具有核心竞争力的企业和产业基地。优先承接高新技术和优势产业，加强对新能源开发、资源综合利用、环境保护等领域企业的引进，大力培育和发展战略性新兴产业。不断强化战略性新兴产业的集聚效应，推动支柱产业向产业集群的跃升，走既遵循产业发展规律、又充分利用区域资源优势的集聚发展道路，提高关中平原城市群高新区创新带动作用，促进科技研发创新统筹协调发展。同时各高新区应进一步深化改革、创新管理机制，完善服务环境，逐步建立起一套从技术研发、企业孵化到产业集聚的新兴产业培育体系，探索产业培育的新模式，使各个高新区真正成为推进关中平原城市群经济社会一体化战略性新兴产业发展的示范。

7.2.5 建设关中平原城市群科技实验室

关中平原城市群城市间科技资源差异较大，科技资源集聚程度不同，城市群内各市应立足于本市优势科技资源，有重点地建设科技实验室，使科技资源能真正支持产业优化，推动经济发展。避免科技实验室建设的同质性，防止科技资源的内部恶性竞争。各市应结合本市优势科技资源发展科技产业链，促进科技资源的统筹协调发展。

同时，要加快西安科技大市场建设，完善科技服务，促进技术转移和设备共享，实现关中平原城市群科技资源共享。各市应充分借助西安在人才资源和科技创新上的优势，西安各大高校应保持与关中平原城市群各市的科技教育合作，拓宽在科研领域的交流协作。关中平原城市群各市要主动承接西安统筹科技资源改革任务，建设"西安科研成果转化基地"，通过共建科技成果转化项目，形成研发在西安、转化生产在各市的格局，助推各市产业优化升级(见表 7.1)。

表 7.1 关中平原城市群主要城市重点发展的科技领域

城市(区)	重点发展的科技领域
西安	航空航天、光电芯片、信息技术、人工智能、新能源
铜川	煤炭、建材工业
宝鸡	有色金属、钛及钛合金、烟酒食品
咸阳	电子、机械、医药、新能源、化工、食品、纺织、陶瓷
渭南	新能源汽车及电池制造、航空材料、3D 打印材料、电子信息材料、高性能复合材料、乳品
杨凌	高端食品制造、高端农业创新、现代农机装备制造
商洛	中医药药材种植、研发、检测
运城	风电资源、生物质能、太阳能
临汾	焦煤
天水	果品加工
平凉	能源化工
庆阳	能源开发

7.3 构建关中平原城市群产业发展联盟

中国共产党第十九届中央委员会第五次全体会议提出了"十四五"时期经济社会发展主要目标，其中包括：经济发展取得新成效，在质量效益明显提升的基础上实现经济持续健康发展，增长潜力充分发挥，国内市场更加强大，经济结构更加优化，创新能力显著提升，产业基础高级化、产业链现代化水平明显提高，农业基础更加稳固，城乡区域发展协调性明显增强，现代化经济体系建设取得重大进展。因此构建关中平原城市群产业发展联盟就要发挥以下作用：优化空间布局，协同打造优势产业；深化区域合作，协同做强特色产业；协同做大做强非公经济、县域经济和外向型经济产业基础。

随着关中平原城市群建设步伐加快和西咸一体化的快速推进，大西安国际化大都市经济圈已经逐步形成，由大西安来引领关中平原城市群产业协同发展已成为必然趋势。推动关中平原各城市产业协同创新发展，充分发挥西安在关中平原城市群中的核心引领作用，依托"西安科技创新实验中心"，以高新产业园区为载体，壮大技术、知识密集型产业，立足发展总部经济，以信息技术带动产业结构调整，通过"强强联合""优势互补"，让关中平原城市群的产业作为一个整体，不断发展壮大。关中平原城市群经济社会高质量一体化发展最根本的，也是最容易实现的，是产业一体化发展层面，而"高质量"更多体现为产业一体化发展的质量高低。关中平原城市群产业一体化发展的水平越高，表明关中平原城市群经济社会一体化发展的质量也就越高，反之亦然。加快推进关中平原城市群产业发展联盟建设的步伐，就是推进经济社会一体化高质量发展的重要举措。

7.3.1 优化空间布局，协同打造优势产业

加快大西安建设，切实打破行政区划壁垒，实施区域联动发展战略，充分发挥西安在关中平原城市群中的核心引领作用，推动关中平原各城市产业协同创新发展。

首先是优化资源配置，集聚优势产业。以新能源汽车、航空航天、能源装备、机器人、电子信息等优势领域发展需求为导向，建立"关中平原产业发展投资促进协调机制"，成立"产业发展市长联席会"。联席会针对如何优化资源配置、聚集优势产业提出具有战略性的建议对策，并监督战略方案的实施。此外，联席会应该强化招商引资的龙头地位，通过园区招商、产业招

商、项目招商等多种方式，将优势新兴产业体系引入关中平原城市群，加速创新要素聚集，统筹协调重大项目布局，增强以高新技术产业为代表的产业竞争力，发展壮大关中平原城市群的整体经济实力，把城市群的比较优势转变为竞争优势。

其次是完善功能配套，延伸关中平原产业链条。关中平原城市群的各个城市在区位、科技、产业、生态、能源资源等方面各具独特优势，在加快形成汽车制造、航空装备、高档数控机床以及轨道交通等产业集群，壮大战略性新兴产业，积极打造新一代信息技术、新材料、生物技术、绿色环保等产业的同时，应该充分利用这些优势，逐渐形成一条城市群特色优势突出、分工合理、布局优化、设施齐全、功能完善的现代产业链条，不断开创关中平原城市群产业发展的新局面，为关中平原地区培育新的经济增长点。

再次是改造升级传统优势产业。一是以信息技术为核心，提升传统优势产业技术结构。推进信息化在工业产品生产过程、经营管理决策等各个层面的融合，基本形成工业生产过程智能化、经营管理科学化，重点扶持一批工业生产数字化改造示范企业。二是推动产品设计水平提高，促进整个产业价值链提升。针对城市群的传统优势产业重点地区和产业集群内企业的需求，推动有色金属、建筑建材、食品加工、纺织轻工等产业技术改造和产品升级，提升区域内产品附加值，加快关中平原农产品深加工贸易示范园区建设，引领全省农业现代化发展，大力推动产品设计水平提高、产品深加工程度提高，进而提升整个产业链的价值。三是制定分级服务措施，推进传统企业升级改造。对全市传统企业进行全面调研的基础上，针对不同行业，不同规模的传统企业，制定出一套完整的分级服务政策，以具有针对性的政策措施来促进传统产业集中度不断提升。

最后是推动关中平原现代服务业均衡发展。一是加大对现代服务业的投入和政策支持力度。整合财政资源，调整投资结构，扩大财政引导和支持现代服务业发展的资金规模，建立现代服务业扶持基金。建立政府引导、依靠市场运作的现代服务业投资机制。允许符合条件的现代服务业企业进入资本市场融资。二是制定发展规划，实施现代服务业品牌战略。针对服务业区域、重点服务行业、重点服务企业，制定服务品牌的发展规划，明确培育重点，提高企业参与意识，加快品牌培育步伐。关中平原城市群拥有的自然景观、人文要素等天然优势为打造具有世界影响力的旅游品牌奠定了良好基础，也为建设世界级旅游目的地提供了优越条件。因此建设"关中平原全域旅游示范区"，有助于旅游产业的整体包装和策划，打造品牌形象。三是加快服务领域改革，优化现代服务业发展环境。发展现代物流、金融、电子商务、技术咨询、信息服务等生产性服务业，加快建设关中平原现代物流园区，大力发展行业电商、农村电商和跨境电商。打破行业垄断，为企业营造公平竞争环境，促进非公有制经济发展，营造服务业发展的良好环境，不断提高城市与产业服务功能。

7.3.2 深化区域合作，协同做强特色产业

以各城市产业区为基础，优化资源配置，集聚特色产业；以区域内核心企业为主导，实施重点项目和培植龙头企业，形成生产要素互补、上下游产业配套、城市产业区合理分工的产业布局，协同打造高级产业链和产业密集带的发展高地。关于关中平原城市群的深化区域合作、协同做强特色产业，主要包括以下六个方面的内容：

一是继续推进"西咸一体化"建设，将西安和宝鸡完善的装备制造和能源化工产业链条向咸阳一带延伸，加快形成装备制造和能源化工产业集群，共同打造承接国内外装备制造业转移和陕西省能源化工基地产业链条延伸的战略平台。

二是宝鸡应将石油装备、汽车及零部件、机器人制造、智能制造、航空、有色金属加工等工业领域的产业链延伸至关中平原地区，打造属于关中平原地区的"高端装备产业园区"，共建西北地区智能技术工程研究院和有色金属加工基地。

三是西安应考虑将渭南纳入西咸渭北工业区总体规划，重点围绕新能源汽车及汽车零部件、通用航空制造、现代化工、新能源新材料、节能环保、食品加工等六大产业，推进重点项目对接和研发合作，围绕陕汽整车制造企业，打造新能源汽车制造基地；推进富阎板块深度融合，打造"国家级"的航空航天产业集群。

四是铜川应在现代建材和健康养生等领域加强与杨凌、渭南等周边各市的经济联合，在铜川建立煤炭、水泥、陶瓷等原材料的配套产业园区以及现代建材的供应基地，与其他市进行上下游产品的配套生产；依托铜川的农业资源优势，开发休闲健康养生项目，打造中医药产业集群和休闲养生园区。

五是利用杨凌在现代高端农业方面的示范引领作用，强化与各市在生物、食品以及农机设备等领域进行技术研发和交流合作，推行"互联网+"的现代农业发展模式，打造全国现代农业高技术产业集聚基地。

六是商洛、天水、运城、平凉、临汾等外围城市应主动积极融入大关中

平原城市群，自觉承接大西安的产业辐射和带动，在现代物流、文化旅游、能源资源、农产品等主导领域加强与关中平原各城市的交流与合作，实现跨地区产业联动发展。

7.3.3 协同做大做强非公经济、县域经济和外向型经济产业基础

为努力实现"十四五"时期经济社会发展的总目标——"改革开放迈出新步伐，社会主义市场经济体制更加完善，高标准市场体系基本建成，市场主体更加充满活力，产权制度改革和要素市场化配置改革取得重大进展，公平竞争制度更加健全，更高水平开放型经济新体制基本形成"，关中平原城市群应该做到以下几点：

首先是围绕关中平原产业结构调整，支持民营企业主动参与区域特色优势产业、战略性新兴产业、现代服务业等协作配套，积极参与国际产能合作，不断提升区域产业发展活力。

其次是支持县域园区建设，引导相关企业向园区集聚，重点发展资源深加工、食品加工、大工业配套和劳动密集型产业，大力发展金融服务、商贸旅游、特色旅游等现代服务业，培育形成"一县一主业"产业发展格局，加快县域工业化进程。

最后是按照关中平原产业布局，积极引进跨国公司、国内大企业、行业领军企业到关中平原实施战略投资，深入推进关中平原地区能源化工、装备制造、有色冶金、现代农业等领域的优势企业"走出去"，开展国际产能合作。

7.4 西安与关中平原各城市之间产业协同发展的具体举措

2020 年新冠肺炎疫情发生以来，面对世界百年未有之大变局加速变化，我国发展所面临的逆风逆水的外部环境日益增多，不稳定性不确定性较大。另外，我国已进入高质量发展阶段，多方面优势和条件更加凸显。因此，应加快推动形成以国内大循环为主体、国内国际双循环相互促进的新发展格局。这是根据我国发展阶段、环境、条件变化提出来的，是重塑我国国际合作和竞争新优势的战略抉择。形成以国内大循环为主体，意味着要把满足国内需求作为发展的出发点和落脚点，生产、分配、流通、消费更多依托国内市场。这个循环要畅通起来，就必须构建完整的内需体系，特别是供给体系和国内需求要更加适配。目前，我国已进入疫情防控的常态化阶段，做好了

长期同新冠肺炎战斗的准备，这意味着关中平原城市群经济社会一体化发展将要面临更为严峻的国内国际经济形势和更大的挑战，西安与关中平原各城市之间产业协同发展应采取一些具体举措。

7.4.1 西安市与关中平原各城市之间的产业协作

西安作为大关中平原经济区的龙头，经济总量大，科教资源丰富，产业平台完善，对外开放度高，具备辐射和带动关中平原城市群产业协同发展的基础条件。因此，西安与咸阳、宝鸡、渭南、铜川、杨凌等关中平原城市之间进行产业创新协作空间广阔，前景巨大。

1. 西安与咸阳之间的产业协作

西安与咸阳两市文化同源、山水同脉、民俗同根、城市同体。西部大开发以来，西安与咸阳联手，提出了逐步实现规划同筹、交通同网、信息同享、市场同体、产业同布、科教同兴、旅游同线、环境同治的"八同"和"四个一体化"(即城市一体化、经济一体化、交通一体化和环保一体化) 的思路及模式。西咸经济一体化的建立，标志着西安与周边地市经济一体化研究的起步。咸阳丰富的能源与资源为西咸经济一体化的发展提供了基础，为空间区域分工提供了地理依据。并且显示出自身粮食、蔬菜、油料等城市供给区，以及城市居民商住区、能源供给区、旅游城市休憩区的区域服务分工特色。加快西咸一体化建设，深入推进产业创新协作，着力打造西安国际化大都市，实施"产业一体同构、城市功能互补"的新模式，是推动两市共同发展的重要战略。

首先是推进西咸旅游一体化。第一，建设旅游空间格局优化：西安市处在陕西省旅游业的核心区，应该成为全省区域旅游的"增长极"，应发挥核心区龙头的带动作用和辐射效应，带动边缘区共同发展，打造新的旅游经济中心，形成区域旅游整体竞争力，从而整体推进西咸区域旅游一体化发展的进程。第二，完善和建设旅游基础设施：合理设计旅游基础设施，构建立体化旅游交通网络，使旅游产业发展与交通网络紧密融合；全方位加强旅游信息化基础设施建设，把旅游信息化基础设施作为重要内容，尽快建立健全旅游信息化的组织机构，科学设计工程实施管理体系，进一步完善旅游信息化基础设施，以及新建现代化旅游基础设施，打造有助于陕西省旅游信息化发展的软环境。第三，旅游产品一体化：将西安与咸阳两市相邻地区的旅游资源统筹开发，旅游客源市场共享，旅游企业联合经营，使旅游产品在规模和档次上有所创新和突破，做到同类产品通过组合包装得到价值升级，异类产品通过优势互补得到结构完善，提高两地旅游业的整体知名度和竞争力，创造同一个旅游目的地形象，形成"1+1>2"的系统效应，带动整个关中平原地区旅游经济的全面发展。

其次是在装备制造和能源化工领域开展合作。依托国家级西安经济技术开发区良好的管理、品牌、资金等优势，以及咸阳毗邻西安经开区的土地资源优势，将经开区完善的装备制造和能源化工产业链条向咸阳一带延伸。推动两地企业进行项目对接洽谈，引导加工、制造、装备、化工等企业成立合作共建区，联合推进共建区的招商引资，不断扩大产业合作空间和领域，加快西咸两地形成装备制造和能源化工产业集群，共同打造承接国内外装备制造业转移和陕西省能源化工基地产业链条延伸的战略平台和产业基地，并为配套装备加工和能源化工深加工产业发展提供所需的服务项目。

最后是加强科技教育领域的合作。推动西咸两市科技教育交流合作，将咸阳的区位优势和产业特色与西安高校的科技和人才优势有机结合，在医疗卫生、政策咨询、产学研合作、科技成果转化以及高端人才培养等方面搭建校地交流平台，建立有效沟通机制，帮助企业解决技术问题，为陕西地方经济增长和产业转型升级提供智力和服务支撑。

2. 西安与宝鸡之间的产业协作

宝鸡市处在向西开放的重要节点，是关中—天水经济区的副中心城市，具有工业基础雄厚、体系完备、资源富集、文化厚重等独特优势，是西部工业重镇和装备制造业名城。因此，西安和宝鸡可以在工业领域开展合作，协作推进工业产业结构优化升级。

首先是在装备制造方面开展合作。西安渭北工业区可与宝鸡高新区、蔡家坡经开区在石油装备、机床工具、汽车及零部件、电子电气设备等多个领域进行资源整合，做好产业对接工作，形成错位发展新格局。第一，充分利用宝鸡在汽车及零部件方面相对完整的产业链条。西安相关企业应与宝鸡在新能源汽车和发动机、变速器、新能源汽车动力传动系统、车桥等领域加强项目交流合作，推动宝鸡汽车及零部件产业跨域工程建设。第二，依托宝鸡在石油装备、轨道交通、电力设备等产业领域龙头企业的技术、人才、品牌等优势。西安科研院所和高校可向宝鸡相关企业提供技术和人才支持，联合拓展国内外、行业内外市场，提升作为宝鸡优势产业的装备制造业的整体效益。第三，西安渭北工业区可借鉴宝鸡成熟的现代工业体系来提升产业配套能力，形成市场竞争力强的产品配套链。宝鸡技术先进、设备精良的军工骨干企业可向渭北工业区延伸，以两地的专业园区为基础，加快形成特色产业集群，打造属于关中平原地区的高端装备制造产业园区。

其次是在有色金属加工产业领域合作。西安航天基地的新能源材料产业可以和宝鸡的有色金属加工制造产业进行合作，借助宝鸡钛及钛合金产业在加工及深加工装备、技术水平及生产能力方面的独特优势，拓展两地在钛合金高端应用、核级锆材生产、钛谷新材料检测中心、3D 打印产业基地等领域的合作范围，将宝鸡打造成为西安航天基地新能源、航空航天、信息技术等产业的有色金属新材料供应基地，并在航天基地建立宝鸡有色金属加工副基地，拓展宝鸡特色金属材料的应用领域，推动西安航空产业转型升级，将航天基地培育成全球领先的航天产业集群和竞争力强的新能源产业集群地，并将产业链延伸至关中平原地区。

最后是在智能制造方面开展合作。借助宝鸡在通信车、智能机电、数控机床、智能化生产系统、机器人零部件研发制造等智能制造方面的良好基础，西咸新区在智能科技方面的高端技术以及人才优势，加强两地科技人才引进和技术协作，共建智能技术工程研究院和智能制造产业园区，设立智能改造示范试点，推动龙头企业引进先进设备，打造以机器人为主的零部件配套产业集群。利用西安巨大的市场潜力，强化智能制造示范应用效果，推动在行业细分领域内智能化生产线的应用集成，加快市场化进程，把宝鸡打造成陕西省智能机器人关键零部件的重要生产基地，把西咸新区打造成关中平原地区机器人生产、应用和服务的核心示范区。

3. 西安与渭南之间的产业协作

西安和渭南地缘相接，渭南区位优势明显，能源化工、有色冶金、食品医药等传统产业基础雄厚，劳动力、土地、资本等生产要素成本低。西渭合作既能发挥西安的产业和居民消费优势，也能带动渭南产业发展壮大。一方面，西安应将渭南纳入西安产业发展规划以及西咸渭北工业区总体规划，尤其是富平与阎良、临潼与渭南高新、蓝田与临渭产业融合发展。另一方面，渭南应主动融入西安产业发展路线，挖掘产业发展需求，对接西安国家港务区、阎良航空工业区、渭北工业区等新兴工业组团，积极寻求合作发展机遇，主动承接西安市产业发展外溢，发展相关上下游产业。

首先是在新能源汽车及汽车零部件领域开展合作。依托渭南沃特玛新能源电池、天臣新能源等，西渭两市应加强新能源汽车产业协作，加快培育新能源汽车配套产业，将渭南打造成电池材料、动力电池、电机、充电桩等新能源汽车零部件配套基地，围绕陕汽整车制造企业，将西安渭北工业区打造成新能源汽车制造基地。

其次是在现代化工及新能源新材料领域开展合作。围绕现代化工产业，依托陕煤化、渭南蒲城清洁能源等重点企业，推动煤化工向有机化学品、精细化学品和化工新材料方向延伸。围绕新能源新材料产业，推动西安渭北工业区、阎良航空工业与渭南高新区的新能源新材料企业加强技术研发合作，重点发展太阳能与风能发电设备、航空材料、3D 打印产业、电子信息材料、高性能复合材料等。

再次是在节能环保领域开展合作。国务院办公厅印发的《新能源汽车产业发展规划(2021—2035 年)》要求：2021 年起，国家生态文明试验区、大气污染防治重点区域的公共领域新增或更新公交、出租、物流配送等车辆中新能源汽车比例不低于 80%。因此，西安浐灞生态园区应与渭南在节能环保领域做好产业对接与协作，重点发展各种节能装备、环境监测设备、固体废弃物处理和资源综合利用装备，开展节能环保技术服务工作，推动两市产业绿色健康发展。

然后是继续推进富阎板块深度融合。"加快富阎板块发展，促进西渭深度融合"一直是西渭两市合作的重点。围绕西安阎良国家航空高技术产业基地，针对阎良航空产业链和富平的资源禀赋优势，以富阎一体化战略为支撑，推进通用航空制造业创新协作，以富阎板块建设规划为指导，共同打造富阎工业增长极，组建富阎产业合作园区管委会，着力打造通用航空、民机试飞和航空物流三大产业集群，做大做强富阎板块中的航空大世界展示中心，打造国家级的航空航天产业集群。

最后是深化政、校、企合作，力促产学研投用联盟合作。依托西安的高校、科研院所、重点实验室等科技资源优势，西渭两市应建立政、校、企相互衔接的合作机制，鼓励和扶持合作成立技术创新联盟组织，搭建两市产学研投用合作平台，建设一批高水平、专业化的众创空间，提高企业技术创新能力，充分解决渭南在设备、技术、项目、人才等方面的需求，同时成立渭南驻西安专利成果转化站，将西安未能转化的专利成果优先在渭南孵化。

4. 西安与铜川之间的产业协作

铜川作为关中—天水经济区的次核心城市，产业基础良好，能源、建材、土地以及农产品优势显著，发展空间广阔，具备承接大西安辐射带动的基础和条件。西安应在推动西咸一体化的基础上，把西铜同城化发展作为重要任务，将铜川纳入大西安都市圈，推进两市产业整合、企业创新协作。

首先是在建材等原材料领域展开合作。增强西铜两市之间的工业产业关联度，充分利用铜川丰富的煤炭、水泥、陶瓷、炼铝等原材料以及成熟的现代建材深加工技术，通过主动承接西安航空基地大企业、大集团的延伸产业链，在铜川建设配套产业园区或基地，进行上下游配套产品的生产，与航空基地形成互补态势。此外，加强铜川与渭北各县尤其是周边县、市之间的经济联合，组建企业集团，发挥铜川在煤炭、建材、陶瓷、机电等产业领域较强的管理、信息、科技优势，促进和带动渭北区域工业经济发展，并将铜川打造成为整个关中平原地区重要的能源建材供应基地。

其次是协作打造铜川"药王"品牌，建设休闲养生园区。通过整合西铜两市的自然资源和人文资源，利用铜川雄厚的农业资源基础以及"药王"孙思邈这一养生休闲资源，开发休闲养生娱乐项目，将铜川保健产品和养生文化引进至西安旅游景点，借助大西安的人力资本来大力宣传铜川养生文化。在铜川建设中国中药材的种植、研发、检测基地，在西安国际港务区建立中药材贸易流通基地，着力把"药王"文化资源优势转化为经济资源，打造关中平原地区的中医药产业集群和休闲养生园区，让"药王"养生文化走向世界，更好地造福人类。

最后是铜川要积极主动承接西安统筹科技资源改革效应，建设西安科研成果转化基地。西安各大高校应保持好与铜川的科技教育合作，拓宽两市教科学研领域的交流协作，西安建筑科技大学、西安工程大学等应在铜川建设工程技术研究所，陕西中医药大学应在铜川建设中医药研究分院。通过共建科技成果转化项目，形成研发在西安、转化生产在铜川的格局，助推铜川产业转型升级，将铜川打造成为西北建材工业新技术、新产品研发基地和中医药药材研发中心。

5. 西安与杨凌之间的产业协作

杨凌位于关中平原中部，是关中平原城市群中唯一一个以农业科技为主产的地区，产业特色鲜明且发展较好，这不仅包括农产品品种的长期研制、发展以及农业经营方式、管理模式的科学化改进，还包括农业科技与传统农业的有机结合、本地传统农业人员身份的转变。作为地方一大产业及社会人文关系的载体，杨凌是闻名中外的"农业硅谷"和国家级农业高新技术产业示范区。推进西安和杨凌示范区合作，可以实现两地土地资源、劳动力资源和农业产业优势互补，助推农业高新技术产业优化升级。

首先是推进现代高端农业创新协作。充分发挥杨凌在现代高端农业方面的示范引领作用，以杨凌现代农庄经济集群建设为载体，借助西安蓝田县和周至县的农业基础资源，在生物、食品、现代农机装备制造等领域进行新技术研发和交流合作，积极打造"互联网+"的现代农业发展模式，创新推出新型农业生产方式，建设现代农业技术推广服务平台。利用杨凌的高端食品生物制造产业集群，在杨凌配套建设冷链物流、质量安全、专业孵化等公共服务平台，在西安蓝田县和周至县建立农机产业园、生物产业园和农产品深加工产业示范基地。利用杨凌的种植优势以及西安航天基地的育种技术、信息、人力资源等优势，在航天基地建立育种联盟中心、种植资源交易中心、公共资源电子交易中心等来提升杨凌农产品的品牌影响力和竞争力，将杨凌打造成中西部较大的农产品深加工集聚中心、技术集成中心和品牌推广中心。

其次是深入推动校地、企业协同共进。推进两市产学研一体化发展，支持西安创新型人才队伍向杨凌靠拢，探索建立人才、智力、项目相结合的引进和交流机制，在两市之间建立由企业主导，科研机构和高校共同参与的产业技术创新联盟会。西安蓝田县和周至县应该引进西北农林科技大学的农业科研和人才资源，西安电子科技大学等高校应向杨凌引进信息技术、智能装备方面的科研项目和人才资源，通过科技成果转化和辐射，带动两地的创新发展。加强两市企业之间的联合发展，引进杨凌下属高新技术企业落户西安高新区，带动园区企业不断延伸产业链，通过西安高新区和杨凌示范区两大关中平原高新技术产业带核心区的强强联合，打造一流的国家级农业科技园区。

最后是积极探索农业与文创、旅游一体化模式。利用西安的客源优势，充分发挥杨凌拥有的农业技术成果集散地和农民技术需求的大市场优势，在杨凌和曲江新区轮流举办农业技术和农产品展会及推介会，协同推进两地健康休闲养老业、乡村观光旅游业、文化体育旅游业等新兴产业发展。依托杨凌区内的旅游景点和现代农庄，开发"旅游+"的产业模式，引进西安先进的健康疗养、健康休闲、健康养老等服务设施，在杨凌建设健康休闲养老片区，不断推进休闲农业和乡村旅游建设，拓展现代农业的观光休闲、果蔬采摘、文化体验等多种功能，将杨凌农科城打造成为旅游休闲胜地。依托西安的历史文化底蕴，利用杨凌的健康产业服务能力优势，在曲江新区建设文化体育休闲区，带动关中平原地区形成新的服务业态。

7.4.2 西安市与外围城市之间的产业协作

商洛、临汾、天水、运城、平凉、庆阳等关中平原周边城市应积极主动加强与关中平原城市的合作，加快融入关中平原城市群体系，自觉承接大西安的辐射和带动，促进区域间产业创新协作，共同推进关中平原城市群的经济发展。

1. 西安与商洛之间的产业协作

商洛在生态、区位、资源等方面优势显著，西安在现代物流、信息技术、研发设计、电子商务、文化旅游等方面有独特潜力，加强两市之间的产业转移和科技、经贸、人才交流，做好产业配套协作工作，按照资源禀赋和比较优势来发展产业经济，在发挥各自优势的前提下实现产业全面协作，从而带动关中平原地区经济全面发展。

首先是在现代中药领域展开合作。面对市场对高质量中药材的需求，西安沣东新城和商洛应充分利用秦岭的中草药资源，加强中医药药材的种质资源建设与开发利用。做到制度先行，加强规划，科学分工，以市场需求大宗中药材品种为重点，以物种为基本单元，采取种质资源收集与品质鉴定和良种繁育同步等措施，借助商洛的自然条件和产业基础，西安沣东新城应在商洛设立中药材种植和生产基地，展开各种形式的项目对接合作，商洛应加大对药材基地项目的支持力度，实现两地在中药产业方面的资源共享和优势互补。

其次是在现代物流领域展开合作。目前西安市物流业发展正处于政策叠加的战略机遇期。"丝绸之路经济带"重大倡议的提出、国家现代物流创新发展试点城市地位的确立、中国(陕西)自由贸易试验区的设立、国家西北能源外运及出海物流大通道重要节点地位的确立、西咸一体化和大西安建设进程的加快、国家中心城市地位的确定等一系列政策，为西安市物流业建设成为立足关中、带动全省、辐射周边、引领西北的核心物流支点提供了重大机遇，西安国际港务区正是以此为基础而成立，并成为联系东部港口与西部内陆的重要平台。关于西安与商洛之间开展的现代物流领域的合作，应由西安国际港务区牵头，联合商洛规划建设规模大、信息化程度高、设施先进、辐射面广、带动力强的现代物流园区，引进并重组培育一批现代物流企业，引导其向商洛产业园区集聚，以发展多式联运、第三方物流、冷链物流为重点，打造属于大关中平原的区域物流产业集群和商贸物流中心，推动生产性服务业转型升级，有效提高关中平原经济的外向度。

最后是在生态旅游和休闲养生领域展开合作。充分利用西安的人文旅游资源和商洛的生态旅游资源优势，依托商洛在养生养老、旅游度假、居住地产、休闲农业等产业的良好基础和西安浐灞生态区的生态文明产业体系，推进两地生态旅游融合发展。全力打造以金融商务为核心，以旅游休闲、现代商贸为支撑，以文化产业为特色，以战略性新兴产业为补充的秦岭最佳生态旅游目的地和西安第二生活区；系统推进涵盖医疗卫生、食品药品、体育健身等在内的健康产业制度和服务体系建设，加强医养结合，引进西安的先进医疗、健康设备和技术，把商洛建设成健康养生产业集聚区，并在浐灞生态区设立健康养生分支机构，推动大西安形成健康养生服务新业态。

2. 西安与临汾之间的产业协作

临汾市是山西省下辖地级市，位于山西省西南部，东倚太岳，与长治、晋城为邻；西临黄河，与陕西延安、渭南隔河相望；北起韩信岭，与晋中、吕梁毗连；南与运城市接壤，因地处汾水之滨而得名。具有承东启西、连南贯北的独特区位优势，其空间区位与交通条件和关中平原城市群所需要的战略支点高度契合。借助比邻的区位优势，西安和临汾的往来日益密切，可以开展合作的领域十分广阔。

首先是在新型能源领域开展合作。西安高新区科技资源相对集中和丰富，科技创新能力较强，在科技创新发展方面具有很强的借鉴性，其对促进临汾的新能源、新材料等产业的品牌化、标准化、高附加值，提升机械化、智能化水平等具有很强的辐射作用。通过临汾和西安高新区在科技创新领域的合作，发挥各自优势，互相弥补短板，在西安高新区统筹建设科技资源改革示范基地，为临汾搭建科技孵化器及相关平台，促进两地科技和企业的对接互动。

其次是在旅游领域开展合作。西安作为著名的旅游目的地城市，旅游资源丰富，国内外游客众多，而临汾市的旅游资源也独具特色，如华门、尧庙、壶口瀑布、洪洞大槐树、苏三监狱、广胜寺等。两市之间可全面启动旅游合作，加快发展现代旅游，充分挖掘丰富的自然山水资源和深厚的文化底蕴，整合资源，突出品牌，强化营销，加快特色旅游产品开发和龙头精品景区建设，共同打造以黄河文化为主题的精品旅游线路，推动双方实现经济效益共赢。

最后是在教育领域开展合作。西安各级各类教育资源十分雄厚，在高等教育领域，双一流大学和双一流学科的数量在全国主要城市中也处于前列，对临汾等城市具有很强的吸引力和带动力。围绕临汾的产业发展需求，临汾市的教育主管部门和企事业单位应加强与西安相关高校、科研院所和优秀企业的有效合作，建立人才培育基地，加快培养"一带一路"实用人才，为临汾培养输送优秀人才，并提供技术后备力量。

3. 西安与天水之间的产业协作

天水市地处陕、甘、川三省交界，是中国历史文化名城、优秀旅游城市以及丝绸之路的重镇之一，其与西安都是关中—天水经济区的重要节点城市，两市在资源整合、产业对接、文化旅游等领域合作潜力巨大。

首先是加强科技交流合作。进一步加强两地科技市场之间的产业创新协作，引导两地企业通过大市场服务平台进行信息共享和交流，鼓励企业创新发展。推动两市在航天种业、特色果蔬和循环农业等产业链开展科技园战略合作。天水农业科技园应借鉴西安产业园区的科技示范、产业孵化、技术创新等成功经验，进一步提升统筹科技资源，优化科技生态环境；西安可以利用天水农业科技园的基础优势，来推动农业产业健康有序发展。

其次是推进农产品协同创新发展。充分利用天水的种植业资源，大力发展种苗繁育、仓储、果品加工等，在天水建设果业加工、储运中心，借助大西安的物流、交通优势，在西安国际港务区建立天水果业直供贸易中心，提升天水果业的知名度和竞争力，将天水打造成为关中平原地区优质果业的加工和供应基地，借助"一带一路"所带来的对外开放优势，创造属于天水的独特果业品牌，力求将天水果业推向世界的舞台。

最后是推动旅游业协同发展。充分利用西安的人文旅游资源和天水的历史旅游资源优势，相互开展旅游产品推介活动，加快旅游市场开发，促进两市旅游部门与企业的协作，组织客源互流，重点建设一批跨区域旅游区，进行统一规划和开发，避免产品的重复建设、市场的恶性竞争，提高经济效益。通过主动承接热点旅游城市和景区的带动作用，加快天水融入大关中平原旅游圈步伐，打造关中—天水经济区的特色旅游线路和旅游区。在充分发挥关中—天水经济区旅游特色基础上，广泛与国内外热点景区，特别是世界遗产区连线，形成一批具有国际竞争力的旅游产品。加强旅游产品宣传促销，不断拓宽壮大国内市场，巩固发展国外市场。

关中—天水经济区地处欧亚大陆桥中心的战略要地，不仅是华夏文明的发祥地，也是西部地区科教与高新产业密集分布地区，具有重要的区位价值。加之"一带一路"倡议的提出，使关中—天水经济区作为一带一路沿线的经济开发区有了更广阔的发展机会，关中平原城市群的经济社会一体化也应该充分利用好这样的发展契机，加速城市群的全面协调发展。

4. 西安与运城之间的产业协作

运城市地处晋陕豫黄河"金三角"中心地带，是国家实施"一带一路"倡议的重要节点城市和跨省域的承接产业转移示范区。西安和运城两市同处黄河中游，地缘相邻、交通相连、产业相接，两市在市场需求、科技教育、人才交流、高新技术等方面具有广阔的合作空间。西安与运城产业结构的整合，必须抓住全球产业结构大调整的契机，积极结合两市的战略定位，充分发挥各市的比较优势，加强产业结构的分工与互补。

首先是推动工业整合联动发展。运城市作为一座新兴工业城市，产业集群优势明显，工业基础良好，新能源、新材料等技术产业发展迅速。西安应发挥区位资源优势，尤其是科技、人才优势，立足现有基础，依托高新技术开发区，重点发展先进制造业、国防科技工业、高新技术产业、信息技术产业等。充分发挥西安渭北工业区的先进技术以及运城的工业基础，着力打造汽车和运输设备、铝镁深加工、化工、农副产品加工、高新技术等五大产业集群，加速推进运城融入大西安都市圈和关中平原城市群。凭借运城靠近西安的独特区位，运城既能成为西安的工业原材料供应基地和零部件配套基地，也能成为西安向华北开放的桥头堡。

其次是建立两市农产品绿色通道市场。随着西安国际化大都市建设的逐渐深入，对于农副产品的需求也必将大量增长，这对运城农产品的发展提供了广阔的市场前景。借助两市的特色农业基础，相互合作，开放绿色农产品通道市场，为产品的准入提供方便。运城应组织有关区县建立绿色农产品生产基地，在西安设立农产品销售配送中心，为西安供应安全无公害的畜禽、茶叶、蔬菜、果类、菌类等农产品；西安应主动开放市场，为运城农产品的进入提供方便。

最后是推进科技教育领域创新合作。两市应扩大科技教育领域的交流合作，共同促进教育体制创新，逐步实现区域内教育资源共享，建设以西安为中心的统筹科技资源改革示范基地。运城应自觉接受大西安的辐射和带动，向西安借智、借力，壮大自身科教实力。借助西安国际大都市的独特地位及教育科技的实力，运城的发展将如虎添翼。

5. 西安与平凉之间的产业协作

西安与平凉都是历史名城和中国优秀旅游城市，文化上同宗同源，山水相连，在许多方面都有着良好的合作基础和广阔的合作前景。平凉应主动借鉴西安在高新技术、文化产业、旅游开发等方面的成功经验；西安应积极将平凉纳入西安经济圈，将其建设为西安的后花园、菜篮子和副食品基地。

首先是推动能源资源产业合作。西安和平凉同处西北，经济文化有许多相通之处，资源禀赋相似，都有着丰富的煤炭、石油和天然气等资源，西安经开区与平凉在煤炭资源和煤化工领域的合作空间十分广阔。加强煤电化工开发合作，西安经开区金属材料制造企业应参与平凉能源化工建设项目，实现资源互补。在推进平凉煤化工产业有效利用的同时，发展壮大西安经开区的产业规模和实力，助推关中地区建设国家级能源化工基地，为丝绸之路经济带发展做出贡献。

其次是旅游产业合作。西安是平凉旅游业在周边城市最大的客源地和集散地，平凉也是西安、兰州、银川三大省会城市交汇处新型的旅游城市，两市在旅游发展方面有着广阔的合作前景。借助西安国际化大都市平台，通过在西安举办旅游推介会、互送客源等方式全面推广平凉的旅游产业，让更多的人了解平凉，到平凉来观光旅游，投资兴业，促进平凉与西安的文化交流和旅游合作向更深层次、更广领域迈进。

最后是加快人才技术交流。加强两市在煤电、草畜、果菜、旅游四大支柱产业相关领域科技创新协作，在更大范围、更广领域、更深层次上参与区域间技术人才交流。重点在煤化工、机械制造、现代农业、高新技术等方面促成科技人才资源交流合作，真正实现科技开发链与产业链的有机结合，推动平凉支柱产业优化升级。

6. 西安与庆阳之间的产业协作

甘肃庆阳位于陕甘宁三省(区)交会处，系黄河中上游黄土高原沟壑区，东临延安、北抵银川、西挽陇中、南俯西安，习称"陇东"，素有"陇东粮仓"之称。庆阳距西安 220 公里，天然的地理优势以及优质的旅游资源，使得庆阳与西安的合作更加紧密。

首先是推动能源资源产业合作。西安作为丝绸之路经济带的经济、文化、商贸中心，与庆阳地缘相近、人缘相亲、文脉相连，资源禀赋相似，都有着丰富的煤炭、石油等资源。庆阳是仅次于陕西省榆林市的中国第二大能源资源大市，甘肃最大的原油生产基地，长庆油田的诞生地。西安先应加强油田开发合作，应参与庆阳能源化工建设项目，实现资源互补，在推进庆阳产业有效利用的同时，发展壮大西安经开区的产业规模和实力，推动丝绸之路经济带的发展。

其次是旅游产业合作。西安作为丝绸之路经济带的经济、文化、商贸中心，庆阳地处陕甘宁三省(区)交会处，两市在旅游发展方面有着广阔的合作前景。当前，在国家实施"一带一路"建设的大背景下，庆阳应牢固树立"创新、协调、绿色、开放、共享"的发展理念，充分发挥自身比较优势，切实增强借力发展的主动性、互补性，全方位、深层次寻求合作，积极融入关中平原城市群都市圈、经济圈、文化旅游圈。庆阳应致力于建设"西安后花园"，主动与西安及周边城市合作交流，共同建设精品旅游线路，共同建设文化旅游目的地。庆阳应以打造"西安后花园"为发展定位，抢抓"一带一路”发展机遇，全力推进"丝绸之路经济带首位传输区"和"西安、银川、延安经济文化旅游圈创新接续区"建设，着力搭建文化旅游融合发展新平台，塑造庆阳宜居、宜业、宜游新形象，促进文化旅游产业提质增效，带动经济社会转型升级。

7.5　打造关中平原城市群立体化交通网络

国内外发达城市群建设的成功经验表明，完备、高效的基础设施及网络体系，不仅是城市群发展的重要支撑，更是带动当地经济发展的重要引擎。因此，对于推进关中平原城市群经济社会一体化发展，首先应该建设立体化交通网络体系，发展交通运输一体化模式，合理布局高效智能的交通运输体系，将为地区发展提供新的动力。

7.5.1　建立一体化关中平原城市群交通管理机构

建立专门的城市交通管理机构就要打破行政区划壁垒的制约，由陕西省协调山西省和甘肃省政府共同参与，并以区域内各主要城市为主体联合管理，不仅符合政府精简机构、集中管理的目的，也与城市发展的根本目的相符。专门的城市交通管理机构有助于增强关中平原城市群内城市间交通宏观调控和管理能力及与关中平原城市群外核心城市的协同发展能力。

7.5.2　建立关中平原城市群一卡通服务体系

在智慧交通政务方面，西安应依托电子信息产业方面的优势，建立关中平原城市群一卡通服务体系，设立在关中平原城市群内任意城市均可使用的城市交通一卡通。在关中城平原城市群内任意城市可自行网上申请关中平原城市群一卡通，使用一卡通可以真正实现关中平原城市群内交通的一体化服务，打造综合化、全方位的便民交通服务体系。

7.5.3　建立以大西安为中心的立体化交通网络体系

建立以大西安为交通枢纽，关中平原城市群与其他城市群、东南沿海等国际大都市全方位衔接的立体化交通网络体系。依托大西安都市圈空间发展格局，构建"跨市、跨省、跨国"的密集型交通网络体系，努力实现关中平原城市群"1235"立体化交通网络。扩展国际航线，增强与国际大都市的衔接与联系，可以有效加速城市群的国际化进程；加快客运专线、城际铁路建设，通过提高城际客运与铁路联通能力，增强城市间的衔接与合作；建立地铁网络和车站的客运交通换乘枢纽体系，形成"大容量、高速度、高密度、公交化、零换乘"的城际铁路网，并与其他铁路、城市轨道交通等交通方式顺畅对接；加强关中平原城市群与川渝城市群的合作，打造区域铁路运输中心，构建以大西安为中心的"关中平原城市群铁路网"，努力实现交通运输一体化。

7.5.4 构筑开放、畅通和高效的基础设施与交通维护体系

构筑开放、畅通和高效的基础设施，建立涵盖港口、航空、公路、铁路、市内交通、城际交通的全覆盖、多元化、立体化交通体系，完善铁路站点、公路站点布局，完善航空站场体系；由城市群交通管理机构总体规划，建立一体化的交通维护体系，针对出现的基础设施损坏问题，该区域的负责人员及时安排维护和建设，各区域应做到沟通互助、协作配合，提倡"大局"意识和"全局一盘棋"意识，为城市群发展建设搭建广阔舞台。

7.5.5 发展"物流 4.0"一体化运营模式

依托西安航空基地，加快构建空中高速公路，实现低空飞行器有序规范运行，为全国通航物流运营管理提供数据依据，推动西安商贸物流产业大发展。发展"物流 4.0"一体化运营模式，培育贯穿陇海线的现代立体物流产业带，整合物流资源，加快物流基础设施规划和物流信息平台建设，加快现代物流园区、金融聚集区建设，健全物流业规范和标准，努力实现物流一体化模式，打造中国西部国际交通物流中心。

7.5.6 开辟多元化、多层次的基础设施建设融资渠道

加快投融资体制的改革与创新，加大基础设施建设的投资力度，扩大基础建设所需原材料的市场供给，这将加快城市交通网络体系建设。仅依靠政府的财政资金是远远不够的，还应该充分运用市场机制，加快投融资体制改革步伐，以加入 WTO、西部大开发等为契机，通过组建股份制企业、引入BOT、BOO 等国际合作方式、发行基础设施建设债券、成立专门的交通基础设施融资平台，筹集建设资金，加快交通网络体系的建设。

7.5.7 加快实施关中平原城市群交通网络的规划建设

加快实施 2018 年国家发展改革委和住房城乡建设部印发的《关中平原城

市群发展规划》中提出的"推动基础设施互联互通"要求，构建综合化交通运输网络，以高速铁路、普速铁路、国家高速公路为骨干，加快构建"四纵四横"的对外运输大通道。推进银川—西安、西安—十堰、西安—重庆等高速铁路及兰州(定西)—平凉—庆阳—黄陵铁路建设，形成覆盖广泛、辐射周边的铁路网，进一步增强连通西南西北地区的运输能力，全面建成区域内国家高速公路网。西安应引领关中平原城市群加快实施规划方案，按照规划，支撑陕西省长远发展的一批重大工程成功纳入规划，全国"八纵八横"高铁主通道涵盖了陕西省"两纵两横"高铁通道，陕西省在中长期铁路规划中将形成"1 米字形高铁网、1 关中城际网、1 批路网通道项目、1 西安综合铁路枢纽"的发展格局，西安及陕西在全国铁路运输网络中的地位和作用将进一步增强，将会更好地发挥其对关中平原城市群的引领带动作用。

7.5.8　引入智能交通系统

借鉴国外的先进经验，立足于西安丰富的科技资源，引入智能交通系统(ITS)，通过高科技的手段和方法实现交通管理的信息化和现代化，建立基于区域协同合作的交通运输管理体制、相关法律法规体系，实现交通管理制度、规范、程序等一体化，进而实现关中平原城市群的基础设施建设一体化协同发展。

7.6　构建层级网络化产业金融服务体系

2019 年以来，中国经济金融体系面临的内部外部压力明显加大。面对复杂局面，城市群内的金融系统应该坚持稳中求进，坚持新发展理念，紧紧围绕服务实体经济、防控金融风险、深化金融改革三项任务，不断改善金融管理和服务，推动金融体系更好地服务于关中平原城市群经济社会一体化发展的大局。关中平原城市群各城市经济及金融发展水平差异较大，难以同步发展，因此应建立基于大西安经济发展的层级金融网络支持体系，充分利用交通及通信网络等，实现"以点带面"，发挥金融网络的辐射扩散效应，进而实现金融网络对城市群经济发展的强力支撑作用。区域金融服务体系的协同发展对策与措施可从以下几个方面展开。

7.6.1　制定区域金融长期发展规划

首先，根据西安金融发展的三步走战略计划，制定《大西安金融长期发展规划》，重点从金融机构、金融市场、金融服务和金融环境等方面进行科学规划，发挥西安市的金融聚集优势，提升西安的金融辐射力，促进关中平原城市群区域金融体系的有效融合，实现大西安引领关中平原城市群快速发展的局面。其次，政府可以发挥引导力量，成立西安市区域金融中心专家咨询委员会，聘请一批国内外金融领域专家、学者，主要金融机构的负责人担任咨询委员会成员，为西安区域金融中心建设提供决策咨询服务。建立金融招商分局，强化专业招商力量，大力引进各类金融机构和投资项目。组建金融发展交流会，为我市金融业搭建更高层次、更广泛的对内对外合作交流平台。政府应加大政策扶持力度，制定出台扶持金融业发展的优惠政策，加大对金融机构奖励扶持力度，吸引境内外各类金融机构入驻。鼓励区县、开发区在科技金融、绿色金融、普惠金融、互联网金融等领域先行先试。

7.6.2 构建关中平原城市群多层次金融发展平台

积极设立新型金融市场交易平台，鼓励金融机构通过多种途径加大对多元产业资源的投入力度。

首先要加快金融机构的聚集。关中平原城市群中除西安市外，保险市场规模都偏小，而证券市场基本处于空白状态，因此金融市场有很大发展潜力。城市群应大力引进、鼓励和发展各类金融中介机构，从制度、体制、市场准入方面给予大力支持，除了加大力度引进传统的商业银行、证券、期货、保险、信托等大型金融机构外，还应该积极研究引进和发展诸如金融租赁、投资基金、小额信贷、担保、消费信贷等各类新兴金融机构，完善金融机构体系，使金融机构渗透到经济社会的各个层面，提高金融对经济发展的促进作用。具体做法包括：吸引国内外具有影响力的金融机构入驻西安；吸引沿线国家金融机构业务总部、运营中心、研发中心进驻西安；设立具有丝路题材的西安法人保险公司；设立能源、科技、文化等专业性保险法人机构。

其次要建立多层次的金融交易市场。设立中国西部金融产业基金会，吸引各类社会资本，支持企业发展，帮扶带动城市群周边城市。其资金来源主要有：国家产业扶持资金、以补偿形式从发达城市征收的"西部发展税"等。设立全国第三家证券交易所或能源期货交易所，与西咸新区合力共同组建面向丝路经济带的大宗能源商品现货和期货交易市场，形成具有重要影响力的能源交易中心。设立全国股权交易市场区域分支机构，为中小微企业提供优质、高效的融资服务。

再次要做大金融机构区域总部，做强本地法人金融机构。要实现关中平原城市群的经济社会一体化发展，最重要的是实现经济一体化，那么来自中心城市的金融支持就显得尤为重要，起到统领整个城市群金融市场的作用。因此，应该支持各类金融机构在西安设立功能总部，推进金融机构在西北地区各分支机构的业务整合与流程再造。重点在西安打造一批在西北地区具有较强影响力和竞争力的法人金融机构，进而发挥西安作为中心城市的辐射带动作用，提高城市群的金融化程度，进一步提升金融与经济发展的协调性水平。

然后要鼓励金融机构积极参与农村金融机构试点工作。根据党的十九大报告中提出的乡村振兴战略，以及 2021 年出台的中央一号文件，即《中共中央关于制定国民经济和社会发展第十四个五年规划和二〇三五年远景目标的建议》可以看出，解决好"三农"问题是全党工作的重中之重，实施乡村振兴战略是我党的又一重大举措。促进农村地区经济发展首先要改善当地的金融环境，鼓励金融机构积极参与农村金融机构试点工作，鼓励其他金融机构更好地服务于农村金融，完善农村地区金融服务体系。

最后要推进民间金融街的扩建和发展。根据农村金融理论可知，正规金融和民间金融二者并不是非此即彼的关系，由于存在交易成本以及信息不对称现象，民间金融对农村地区来说是不可或缺的，因此应该高效地利用民间金融，使其发挥更大作用。通过建立民间金融发展平台，发挥集聚和引领作用，引导民间金融更多服务于中小微企业，以乘数效应扩大民间金融对关中城市群的经济带动作用。

7.6.3 创新发展"新型金融"，优化金融生态环境

加大中国(陕西)自由贸易试验区金融创新。鼓励境外各类金融机构入区设立区域总部、功能总部或分支机构，支持在中国(陕西)自由贸易试验区内试点设立中外合资金融机构。积极推进跨境人民币业务，引导银行业金融机构和企业熟悉掌握境外直接投资人民币结算试点的相关政策，有序扩大人民币在境外直接投资的应用。鼓励有实力的企业在境外上市挂牌，发行人民币债券，开展外币融资业务。引导境外投资者以人民币投资西安重点产业和重大基础设施项目。鼓励本土企业走出去，使人民币在境外可以直接投资。大力发展出口信用保险，提升业务承包效率和针对性。

鼓励金融机构积极研发与丝绸之路相关的金融产品和服务。深入探索债权工具、股权工具和金融衍生工具，开发贷款套期保值、货币互换、利率调期、资产证券化等金融创新业务。鼓励银企、银证、银保、银信合作，研发组合型金融服务产品，创新发展针对中小企业和"三农"的金融产品和服

务。加大绿色金融产品和服务创新，鼓励绿色保险、绿色账户、绿色贷款，研发碳汇交易，综合运用基金、担保、保理、租赁、股权投资、信托等多种金融工具支持节能减排和环保项目，引导绿色消费和低碳生活。积极筹建设立内资法人财险公司，创新发展投资银行、基金管理、投资管理、货币经纪、融资租赁、财务公司、汽车金融、消费金融、健康保险、养老保险、农业保险、责任保险、再保险、再担保等各类金融主体，填补市场空白，完善金融服务功能。

优化金融生态环境，必须健全信用体系，完善监管体系，优化金融法治环境。积极申报创建全国社会信用体系示范城市，为金融业发展构建良好的信用环境。推动现有信息平台整合，实现信息共享，鼓励发展独立的信用评估机构和征信机构，建立健全失信惩罚和守信收益机制。推动农村信用体系建设试验区和高新区小微企业信用体系建设试验区建设。

7.6.4　构建关中平原城市群金融协作联盟会

加快推进区域金融一体化，深化区域金融合作，发挥西安作为新亚欧大陆桥中国段最大的中心城市、"丝绸之路经济带"的核心区域的区位优势，优化自身产业结构，推进与省内其他城市间的金融合作，增强西安市对区域内外高端金融资源的吸引力、聚集力和辐射力，并大力发展普惠金融。

首先要设立关中平原城市群金融协作联盟。致力于为联盟会员提供合作平台，以"共同发展、合作共赢、共同超越"为目标，帮助联盟会员化解经营风险、突破发展瓶颈、实现优势互补、提高金融服务质量、提升市场形象等。

其次要积极发展农村金融。引导农业银行等金融机构增加涉农信贷投放，加大信贷产品创新力度。大力培育新型农村金融机构，在农村地区组建村镇银行、贷款公司和农村资金互助社等新型农村金融机构。同时政府相关职能部门要明确自身的监管职责，加强对农村新型金融结构的监管，切实维护农村金融的安全稳定。引导和鼓励贫困地区发展特色产业和贫困人口创业就业。面向建档立卡贫困户，发展财政贴息、免抵押免担保的扶贫小额信贷。在贫困地区发展互助资金组织。

再次要深入推进地方金融。加大对小额贷款公司的监管力度，引导小额贷款公司优化服务小微企业。引导融资性担保公司健康发展，帮助小微企业增信融资，降低融资成本。加快组建地方金融资产管理公司等新型金融平台。引导互联网金融公司下乡，为小微企业提供良好的金融服务。

最后要规范互联网金融的发展。建立和完善网络借贷机构备案管理制度，引导网络借贷机构合法合规经营。鼓励互联网金融企业产品创新，为不同的人群设计不同的金融产品。

7.6.5　加强金融人才培养

金融创新的前提是拥有强有力的金融人才做支撑，坚持创造"吸引人才、用好人才和培养人才"的方针，把西安建设成关中平原城市群金融人才聚集高地。制定优惠政策，建立激励机制，完善配套措施，引进高端海内外金融人才，真正使金融人才能够引得进、留得住、有作为。加强金融机构与本地高校、外地高校、海外高校、科研院的合作，鼓励本地设立金融管理培训中心和实习基地，大力培养复合型、实用型金融人才，带动城市群其他城市的金融管理水平。积极搭建金融知识宣传教育平台，拓宽教育方式和渠道，构建全方位、多渠道、立体化的宣传教育网络，营造全社会学金融、懂金融、用金融的良好风气，提升公众金融安全防范意识。提高金融产品与服务的便捷性和透明度，建立公众理性投资的保障机制，加强金融消费保护，促进金融业健康有序发展。

7.7　建立健全城乡一体化服务机制

党的十九届五中全会提出："坚持实施区域重大战略、区域协调发展战略、主体功能区战略，健全区域协调发展体制机制，完善新型城镇化战略，构建高质量发展的国土空间布局和支撑体系。"城镇化的必然趋势是城乡经济社会一体化发展，而一体化的高级阶段是城乡融合发展，其本质都是更加注重内涵增长，提高城镇化发展质量。走进新时代，因势利导，乘势而上，着力破解二元结构矛盾，带动城乡结构显著优化，尤其是城乡基本公共服务均等化水平得到显著提升。推进关中平原城市群城乡一体化发展迈向城乡融合发展就要紧紧围绕党的十九届五中全会提出的战略布局来进行。

7.7.1　构建"大中小城市和小城镇"协调发展的城镇格局

构建"大中小城市和小城镇"协调发展的城镇格局，提高城镇基本服务水平。大西安新型城镇化的建设应按照自主意愿进行人口城市化转移，通过政策法规引导人口合理流动，因地制宜，推进城镇化建设，坚持以优带劣的原则进行优劣互补，注重农村人口向城市健康稳定的转移，并且，兼顾城镇异地就业人员和农业人口的再就业问题，科学有效地推进户籍制度改革，完善公共就业创业服务体系，完善城镇住房保障体系，实现社会保障全面覆盖，促进城市基本公共服务全面化发展。

7.7.2 发挥核心城市的辐射带动作用

借力关中平原城市群建设，发挥核心城市的辐射带动作用。城市发展规律表明，以城市群为主体引领城镇化发展是必然选择，城市群应该成为未来城镇化主体形态。在关中平原城市群的建设中，根据资源环境承载能力、要素禀赋和区位优势，大西安处于核心层，要加快将西安建设成欧亚交流合作的国际化大都市的步伐。大西安新型城镇化的建设要以自由贸易试验区建设为契机，充分发挥全省唯一的国际贸易"单一窗口"和"企业'走出去'一站式综合服务"等平台载体作用，借鉴、复制、集成先行区成功经验，不断深化完善外商投资负面清单制度，积极争取保税物流中心升级为保税物流区。完成西安市开发区、西咸新区和咸阳市相关区域的功能定位梳理划分，努力把大西安建设成历史与现代交相辉映、传统与时尚完美融合、胸怀整个关中平原城市群的国际化大都市。

7.7.3 构建关中平原城市群层级增长极城市网络

构建"关中平原城市群大中小城市和小城镇"协调发展的城镇网络化格局，提高城镇基本服务水平。按照层级增长极网络化发展理论，就是要在关中平原地区建立一个以大西安为核心增长极，以咸阳、宝鸡、渭南、铜川、杨凌和商洛等为次核心增长极，以上述城市周边的县级市或重点镇为边缘增长极，围绕层级增长极聚集产业和人口，把关中平原和陕西的大多数人口和绝大多数的产业向辐射带内聚集，形成"网络辐射带"。并走与其相适应的城市发展道路。具体包括：第一，重点发展核心城市、积极培育中小城市。西安作为陕西经济发展的核心，具有科技发达、综合能力突出的优势，要努力发展成产业、产品和技术的原创性基地。第二，以产业结构调整为导向，各城市因地制宜、协调发展，避免区域内产业同构和重复。第三，向核心城市产业带布局，通过人口大规模有序向"增长极网络带"的集聚，促使中心城市增长极的发展和产业集聚效应发挥，实现生产效率和效益的提升，并最终实现整个关中平原地区经济社会的发展和人们生活水平的提高。

7.7.4 建立健全城乡融合发展体制机制

党的十九大报告提出："实施乡村振兴战略。农业农村农民问题是关系国计民生的根本性问题，必须始终把解决好"三农"问题作为全党工作重中之重。"大西安新型城镇化的建设应进一步推进城乡一体化建设，提高城镇基本服务水平，加快推进农业农村现代化，促进城乡融合和共同发展。注重小城镇建设与新农村建设的互动作用，农村的经济发展有利于提高城镇化水平，而城镇化水平的提高又可带动农村经济的进一步发展。统筹人口、产业、交通、资源等要素，协同推进规划建设、城镇建设和产业布局。加快基础设施建设，加强互联互通，形成支撑整个关中平原城市群、辐射周边的交通、水利、电力、信息等网络系统，完善城镇化健康发展的体制机制，建立健全城乡一体化建设和管理体系。同时，必须加大对农村的倾斜力度，在资金、人才、技术等要素方面给予更多保障，变以往不协调的"城乡统筹"为协调的"城乡融合"，从而使广大农村实现产业兴旺、生态宜居，实现乡风文明、治理有效、生活富裕，实现城乡整体与均衡发展的现代化。

7.7.5　不断完善政策法规

不断完善政策法规，提高城镇居民综合文化素质。根据大西安目前的建设状况，应着眼于以下方面完善政策法规：第一，应加快户籍制度改革步伐，逐步放开对农民的进城落户的限制。第二，完善投融资政策，充分利用市场机制，逐步引导建立以招商引资为主、政府扶持为辅的融资模式；企业与个人参与的多渠道、多元化的投入机制。第三，完善拆迁政策，推进规范化拆迁，使拆迁工作有更加明确的法律依据。

当然，在注重城镇化的表面特征的同时，还要着力提升城镇发展的内涵。只有城镇居民的素质提高了，才能不断提升城镇发展的软实力。一方面是加强城镇意识的宣传教育。充分利用各类教育阵地，大力普及文明礼仪规范和各种现代知识，帮助农民向居民转变，逐步形成科学文明的生活方式，促进城镇文明程度的提高。另一方面是强化综合管理。根据各地实际情况，提出"居民行为规范""居民道德规范"等居民行为准则来提高居民的素质。让更多的人到城市生活，让城市的生活更美好，以民为本，开创大西安建设的新局面。

7.8　打造生态型关中平原城市圈

党的十九届五中全会指出：推动绿色发展，促进人与自然和谐共生。坚持绿水青山就是金山银山理念，坚持尊重自然、顺应自然、保护自然，坚持节约优先、保护优先、自然恢复为主，守住自然生态安全边界。深入实施可持续发展战略，完善生态文明领域统筹协调机制，构建生态文明体系，促进经济社会发展全面绿色转型，建设人与自然和谐共生的现代化。要加快推动绿色低碳发展，持续改善环境质量，提升生态系统质量和稳定性，全面提高资源利用效率。

面对环境和生态的严峻挑战，牢固树立绿色发展理念，把生态环境保护作为城市群建设的硬任务和大前提，优化生态安全格局，强化生态保护与修复，推进气水土等污染防治，实现区域污染同治、生态同建，为城市群追赶超越增添绿色动力。

"生态型城市圈"以追求经济发展、社会和谐、生态保护三位一体复合系统高度协调发展为目标。通过城市发展模式的创新、高新技术的应用和城市保障体系的完善，高效利用资源，最大限度地保护环境，从而实现城市健康、可持续的发展。生态型城市圈是以核心城市为中心，城市结构层次分明、布局合理、分工明确、功能齐全、城乡结合，人居环境优越，人与自然和谐的一体化城市圈经济综合体。为打造"生态型关中平原城市圈"，提出以下相关建议。

7.8.1 构建"绿色新城"

构建"绿色新城"，将生态放在发展首位。在保证不破坏生态环境的基础上，将关中平原城市群建造成为有山、有水、有田地、有经济的绿色新城，实现人与自然的共同发展。渭河湿地自然保护区和秦岭山地生态保护区是大西安生态系统安全的两大核心屏障，以此为核心，以周边山林为框架，以主要交通为干线，以周边生态通道为血液，依托各类名胜古迹、自然保护区，打造城市、乡村都参与的生态发展系统。通过画蓝线、绿线的方式，加大对湿地、湖泊、山林的保护力度，保证原有水系的正常化，通过发展绿植等方式完善生态体系，提高城市生态质量。

7.8.2 优化城市空间格局

明确区位规划功能，优化城市空间格局。将主城区的众多功能进行拆分，合理分配各区域城市功能，由此避免出现因主城区功能太多而导致的人口密集、城市运行效率低下等问题。关中平原城市群应当根据生态型城市的目标和要求，将中心城区的功能合理分散到周边区域，并形成新的、功能明确、特点突出的核心区域。从而实现城市资源的优化配置，缓解城市生态压力，扩大城市居民的生活空间，降低城市居民的生活成本。在尊重自然生态环境的基础上，重视区域发展，保证城乡地区协调稳步前进，由此，西安政府提出建立"一轴、一城、一环、多中心"的立体城市发展格局。根据具体情况具体分析的原则，加大对城镇的投资力度，以缩减城乡差距，实现城乡稳步协调发展。

7.8.3 提升空气质量

倡导可持续发展，提升空气质量。空气质量是绿色生态城市的标志性象征，积极践行绿色发展理念，坚持以提升环境空气质量为核心，紧盯重点区域、重点任务、重点行业，全面打响蓝天保卫战，并向大气污染防治"攻坚区"和"深水区"挺进。通过加大城市绿化率，调整产业结构，大力推进城市节能减排，加快清洁能源推进步伐，推进城市圈一体化交通体系发展，以优质、高效的公共交通服务带动城市交通运输结构的根本性变化，减少车辆尾气对空气的污染，从产业、建筑物、交通运输、绿色消费等各方面减少环境污染，提升空气质量，建设秀水蓝天的西安。

7.8.4 构建"两屏、一带、多廊、多点"的生态安全格局

坚持区域生态一体化建设，推动城市群内外生态建设联动，确保城市群生态安全。加强秦岭、黄河生态环境保护治理。构建南部秦巴山地生态屏障和北部黄土高原生态屏障，贯通中部渭河沿岸生态带，建设区域生态安全格局的主骨架。以黄河及渭河、汾河、泾河、丹江等水系为重点，自然保护区、水产种质资源保护区、湿地滩涂等重要生态斑块为补充，构建绿色生态廊道。强化各级自然保护区、地质公园、森林公园、湿地公园等的管控和保护，建设好城市群生态节点。

7.8.5 划定并严守生态保护红线

生态保护红线是指国家依法在重点生态功能区、生态环境敏感区和脆弱区等区域划定的严格管控边界，是国家和区域生态安全的底线。在秦巴山地和陇东黄土高原等生态功能重要或生态环境敏感、脆弱的区域划定生态保护红线，涵盖国家级和省级禁止开发区域和有必要严格保护的其他各类保护地。生态保护红线划定后，只能增加、不能减少，确需调整的要严格履行报批程序。依托国家生态保护红线监管平台，实施综合监测、落实管控要求，做好勘界定标，保护和维护好关中平原城市群经济社会可持续发展的底线与

生命线。

7.8.6 实施生态保护修复工程

习近平总书记多次强调，"生态兴则文明兴，生态衰则文明衰。"在推进关中平原城市群经济社会一体化发展的关键时期，加强生态保护和修复对于推进生态文明建设具有重要意义。具体措施有：分区分类开展受损生态系统修复，采取以封禁为主的自然恢复措施，辅以人工修复，改善和提升区域生态功能；系统整治并修复湖泊、湿地、蓄滞洪区等生态功能重要区域。以秦巴山地及渭北、天水等黄土高原丘陵沟壑区为重点，科学实施山水林田湖草生态保护修复工程，着力提高生态系统的自我修复能力，切实增强生态系统的稳定性。

7.8.7 保护文化遗产，提高城市文化内涵

关中平原城市群内部历史遗迹较多，且土地占用面积较大，加之这里自然环境较为优良，所以，各级政府应在不破坏历史古迹及生态环境的前提下，对文化资源进行充分利用，建立基于历史遗址的特色公园，使历史文化和现代化城市建设实现有机对接。生态型城市圈建设的真正核心不是人工环境的建设和改善，而是新的城市文化的创造和培育。以历史文化名城整体保护为重点，以城市与生态和谐共处、齐头并进为最终发展任务，在注重文化遗址保护的前提下，合理利用文化资源，将中华民族优良传统予以传扬发展，重视城市空间整体发展，保证城市原有的历史空间格局不受破坏，原生态地呈现文化古都之美，合理统筹城市发展和文化资源间的关联性。随着全球一体化的加强，世界文化交流也日益频繁，文化产业作为城市发展的灵魂，在城市的现代化构建中发挥着重要作用。在此国际环境下，只有实现东方文化和历史遗迹的有机融合，才能打造世界东方历史人文之都。

此外，我们应该加大宣传力度与惩罚力度，让每一个公民都能够意识到生态保护的重要性。我们在对成年公民进行宣传教育的同时，对于青少年，我们更应该从小就积极引导，积极培养，这样一代一代传承下去，形成良好社会风尚，好的习惯自然会为我们的生态城市建设添砖加瓦。

7.9 强化"教育强市"，规范社会办医

党的十九届五中全会提出，健全基本公共服务体系，完善共建共治共享

的社会治理制度，扎实推动共同富裕，不断增强人民群众获得感、幸福感、安全感，促进人的全面发展和社会全面进步。为推动关中平原城市群的稳定和长期发展，就要以最广大人民的根本利益作为出发点和落脚点，尽力而为、量力而行，落实教育和医疗等基本民生问题。教育是国之大计，由地区差异、教育资源分布不均而造成的教育不公平等矛盾日益突出，教育改革迫在眉睫。亟须政府做到全局教育资源统筹调配，以高标准要求、高水平谋划、高效率运作，使得全区的优质教育资源能够得到更为广泛的应用。要促进城市群的公共卫生服务均等化，解决资源供给与需求严重不足而产生的"看病难"问题，要深化医药卫生体制改革，优化调整医疗资源布局。

7.9.1 推广"名校+"的产学研模式

推广"名校+"模式，探索城乡学校互建联合体，持续扩大优质教育资源总量，实现"学有优教"，解决"上学难"。强化地方政府的主导意识，强化高校的主体意识，强化企业和社会的支持意识。加强高校与社会各界的联系，主动协调政府、企业、高校和用人单位，确保创业就业体系良性运作，注重与中小企业的全方位合作共建，建立产学研合作的长效机制，促进成果转化，服务地方经济发展。

7.9.2 探索跨区域联合办学

强化高校的整合主体地位，加快关中平原城市群内高校间的合作与联动的步伐，打破行政区划界限，多层面全方位地推进校际合作。积极加强关中平原城市群内高校的横向联系，走合作办学之路，在设点布局上应打破原先的地区划分，在更大范围内实现优势互补。独立学院是将优质教育资源和社会资本有机结合的教育制度的创新，在办学机制、管理和资源等方面表现出了比较强的灵活性与自主性。高水平的大学可在教育部及当地教育部门的指导规划下，在关中平原城市群内有条件的地区设立分校，实现优质高等教育资源的共享，挖掘资源潜力，与其他地区政府、高校、企业异地合作办学，从而带动相对落后地区的高等教育的发展。

7.9.3 建立专业建设指导委员会

在教学过程中，应围绕服务地方经济社会发展的目标，建立专业建设指导委员会，强化高校为地方经济社会发展服务的办学理念，着力培养学生的实践能力和社会适应能力。各地高校应根据自身的基础和条件，立足地方特点和资源优势，结合关中平原城市群经济社会发展实际，按照专业技术技能岗位的实际要求和企业生产的实际需要，以市场需求为导向，调整学校的办学定位，突出办学特色，优化学科专业设置，为地方经济社会发展培养更多的应用型人才，构建关中平原城市群特色的高技能人才培养体系，实现区域经济社会和谐发展与地方高职院校可持续发展的双赢局面。

7.9.4 构建良好的创新创业环境

要加大对大学生创业的信贷支持力度，简化贷款手续，为创业大学生开通贷款绿色通道，引导社会资本设立大学生创新创业基金，吸引更多社会组织、企事业单位、公益团体成立创新创业风险基金，鼓励以产业链为核心、以资本为纽带的投资形式来支持大学生创新创业，加速项目成果转化。政府、高校和社会要加强对大学生创业"政策—资金—服务"全方位的支持力度，为大学生创业创造更多有利条件。

继续推进高校教育教学改革，改变以往的机械性授课的方式，转变传统的创新创业教育管理理念，要将创新创业作为硬性考核指标真正纳入人才培养的计划目标，要建立实践平台，为学生提供多元化支持，允许创业学生调整学业进度，保留学籍办理休学，探索将学生参加创新创业培训实践、参与项目研究、发表论文、申报专利和创业实践等情况折算为相应学分，并形成学管或转换制度予以固定，以增强创新创业训练的活力。

7.9.5 推进"三医"联动机制

发挥西安医疗资源密集优势，推动医联体建设，共享优质医疗资源。促进基本公共卫生服务均等化，提高基本公共卫生服务项目财政补助标准，解决"看病难"。要特别提高基层的医疗卫生服务能力，做大做强西安市县级医院，探索建立标准统一、接口统一的医疗信息化平台，引导 90%的病人能够就近就诊。

7.9.6 实施关中平原城市群联防联控

牢牢把握生态文明的理念，着力提高城市发展的持续性和宜居性。习近平在十九大报告中指出，要像对待生命一样对待生态环境。西安市应该把大气污染防治作为环境治理和改善民生的头号工程，坚持全民共治，源头防治。重点打好"减煤、控车、抑尘、治源、禁燃、增绿"组合拳，实施"网格长制"，划定责任网格，实施关中平原城市群联防联控，坚持全域化、网格化、系统化、法治化的"四化"理念,努力破解减霾难题。我市开展的"烟头革命""厕所革命",从细微处为打造宜居西安提供了契机,因此应将"厕所革命""烟头革命"纳入长效化管理,从大处着眼,从小处着手,抓问题,抓细节,抓点滴,建设绿色西安、生态西安。

7.10 聚焦特色产业,加大对关中平原城市群财政支持力度

2021 年 5 月 19 日,陕西省第七次全国人口普查办公室通报了主要数据,陕西省常住人口 3952.9 万人,而西安市作为陕西省人口第一大市,人口总量达 1295.29 万人,占全省人口的 32.77%,西安的人才虹吸效应快速显现。西安的快速发展为陕西省经济发展做出了很大的贡献。西安作为整个陕西经济发展的引擎,同时肩负着引领关中平原城市群发展的重任,因此应该得到中央及陕西省政府的大力扶持。

7.10.1 加大高新技术产业财政支持力度

政府要把科技创新作为增强经济社会发展后劲的一项重要工作,出台相关政策,在原来政策的基础上加大对企业科技创新的扶持力度,特别是对重点行业、重点领域、重点企业要加强政策倾斜,加大高新技术产业财政支持力度。

实施创新驱动发展战略、推进自主创新和发展高新技术产业,瞄准世界科技前沿和顶尖水平,聚焦重点,增加投入,为在基础科技领域做出重大创新、在关键核心技术领域取得重大突破提供财力支撑。西安高新区作为中国(陕西)自由贸易试验区的核心板块和发动机,发挥着驱动引领的作用。因此应该加大对高新区的监管力度和财政支持力度。

7.10.2 增加民生事业政府资金投入

关中平原城市群在追求经济社会一体化发展的同时,应该牢固树立"民生优先"理念,深入践行以人为本宗旨,增加民生事业政府资金投入,把民生工程作为全市的工作重点,时时关注民生、积极保障民生、不断改善民生,推进民生事业再上新水平是民之所望、施政所向。居民的幸福指数是衡量一个城市发展水平的重要指标,因此,只有聚焦民生,增加教育资金投

入，提高医疗卫生和社会保障财政支出比例，落实养老服务业支持政策，强化社会治安综合治理，深入开展安全生产专项整治，全力维护社会和谐稳定，才能更好地发展经济。

7.10.3　设立纾困基金，帮扶企业融资发展

发挥财政引导作用，缓解融资难融资贵的问题。设立纾困基金，用于帮助有股权质押平仓风险的民营企业。对接国家融资担保基金，加快设立中小企业发展基金，引导金融加大服务实体经济的力度。设立专项代偿补偿资金，为全省科技型中小微企业提供风险补偿和增信支持。安排专项资金鼓励开展应收账款融资试点，支持工业和信息化龙头企业兼并重组、企业股份制改革，推动小微企业开展政府采购合同融资和发行增信集合债等。

参 考 文 献

[1] 王亚玲. 数字丝绸之路构想下关中平原智慧城市群发展研究[J]. 合作经济与科技，2017(22)：16-19.

[2] 潘润秋，马世雄. 关中平原城市群城市流强度时空演变特征[J]. 中国房地产，2018(9)：23-27.

[3] 李君轶. 高质量发展关中平原城市群建言二，打造传承中华文化的世界级旅游目的地[J]. 西部大开发，2018(3)：34-38.

[4] 程靖峰. 国务院批复《关中平原城市群发展规划》[J]. 现代企业，2018(1)：41.

[5] 佚名. 中原城市群 关中平原城市群 兰西城市群 成渝城市群稳定终端市场 挖掘渠道能量[J]. 现代经济，2016(21)：56-62.

[6] 方创琳. 中国西部地区城市群形成发育现状与建设重点[J]. 干旱区地理(汉文版)，2010，33(5)：667-675.

[7] 张鸿. 用数字经济思维构建关中平原智慧城市群竞争新优势[J]. 新西部，2018(13)：80-81.

[8] 全雨霏，吴潇. 关中平原城市群城镇体系演化特征及优化策略[J]. 宏观经济管理，2018(1)：72-76.

[9] 魏刚. 提升关中平原城市群竞争力的几点认识[J]. 社科纵横，2016，31(4)：31-33.

[10] 张燕. 高质量发展关中平原城市群建言一，创新驱动，协同发展，全面建设[J]. 西部大开发，2018(3)：76-77.

[11] 李晓燕，邓玲. 城市低碳经济综合评价探索：以直辖市为例[J]. 现代经济探讨，2010(2)：82-85.

[12] 侯刘起，胡宝清，李帅，等. 中国城乡一体化评价指标体系研究进展[J]. 广西师范学院学报(自然科学版)，2012，29(1)：110-116.

[13] 张新亚，杨忠伟，袁中金. 苏州市城乡一体化测评指标体系研究[J]. 城市发展研究，2012，19(5)：12-15.

[14] 邱丽娟，王丹丹，苗雨君. 城乡一体化指标体系的构建与实证分析：以黑龙江省为例[J]. 对外经贸，2017(12)：48-51.

[15] 范宣丽，白艳娟，何忠伟，等. 区域经济社会发展评价指标体系构建研究[J]. 科技和产业，2016，16(6)：33-36.

[16] 陈红亚，施蕾，谢铭，等. 区域经济提质增效升级统计监测指标体系研究：以陕西省为例[J]. 科技和产业，2017，17(7)：37-41.

[17] 牛艳莉. 关于河南省城乡一体化评价指标体系研究[J]. 建设科技，2017(14)：41-43.

[18] 李瑾，冯献，郭美荣等. 城乡一体化发展的时空演变特征与省区差异性分析[J]. 中国农业资源与区划，2017，38(11)：67-77.

[19] 孙警，郭敏，张利雄. 区域经济发展水平评价指标体系研究综述[J]. 经济视角，2016(5)：96-101.

[20] 徐顽强，周晓婷. 基于主成分分析法的省域科技创新体系评价模型构建[J]. 科技管理研究，2016，36(6)：52-57.

[21] 刘雷，喻忠磊，徐晓红，等. 城市创新能力与城市化水平的耦合协调分析：以山东省为例[J]. 经济地理，2016，36(6)：59-66.

[22] 李远行. 重视主体互动 协调发展城乡关系[N]. 中国社会科学报，2018-18-17(8).

[23] 郭莹莹. 河南城乡一体化发展的测度和横向比较研究[J]. 经济界，2018(8)：81-88.

[24] 李军，吕庆海. 中部地区城乡一体化路径探析：就地城镇化[J]. 贵州社会科学，2018(8)：121-127.

[25] 李强，陈振华，张莹. 就近城镇化模式研究[J]. 广东社会科学，2017(4)：179-190.

[26] 吕丹，汪文瑜. 中国城乡一体化与经济发展水平的协调发展研究[J]. 中国软科学，2018(5)：179-192.

[27] 吴丰华等. 中国省域城乡社会一体化的空间差异与时序变化[J]. 中国软科学，2015(3)：135-149.

[28] 郑丽果. 城乡一体化路径的优化探索[J]. 经贸实践，2018(10)：44-45.

[29] 彭东海，王秋鸟. 城乡一体化进程中新农村建设研究[J]. 安徽农业科学，2018(9)：200-203.